编写委员会

总 主 编：郁云峰

副总主编：于天琪　陈维昌

主　　 编：张贵国

副 主 编：李光子　李良树

编　　 者：赵　欢　张丽丽　孟　晴　王月钱

编辑委员会

主　　 任：陈维昌

副 主 任：付彦白

项目负责人：付彦白

项 目 秘 书：武传霞

项 目 审 定：王俊毅

项 目 成 员：武传霞　王巧燕　方兴龙　赫　栗　张　彪

专家委员会（按音序排列）

陈曼倩	哈尔滨职业技术大学	崔永华	北京语言大学
梁赤民	中国–赞比亚职业技术学院	梁　宇	北京语言大学
刘建国	哈尔滨职业技术大学	宋继华	北京师范大学
宋　凯	有色金属工业人才中心	苏英霞	北京语言大学
赵丽霞	有色金属工业人才中心		

职通中文
«Профессиональный китайский язык для общего назначения»

建筑工程施工
Строительство зданий и сооружений
（俄语版）
(Русская версия)

郁云峰　总主编
于天琪　陈维昌　副总主编
北京工业职业技术学院　编

初级篇
Начальный уровень

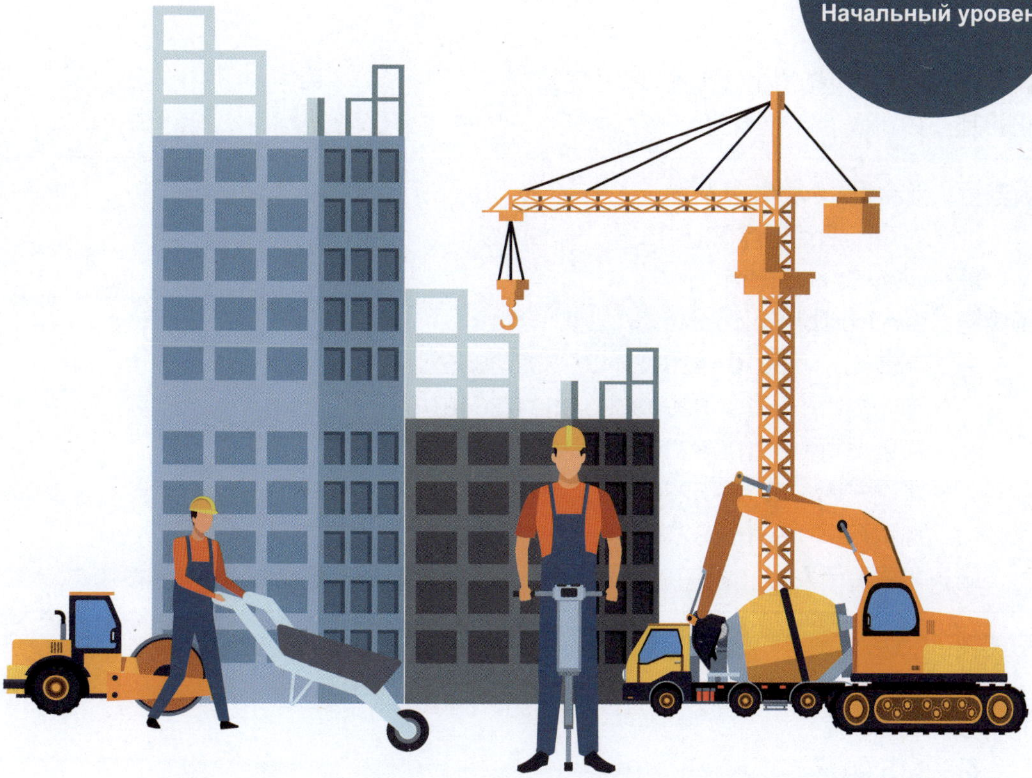

© 2025 北京语言大学出版社，社图号 24174

图书在版编目（CIP）数据

建筑工程施工：俄语版．初级篇 / 郁云峰总主编；北京工业职业技术学院编． -- 北京：北京语言大学出版社，2025．6． --（"职通中文"系列教材）． -- ISBN 978-7-5619-6653-2

Ⅰ. H195.4

中国国家版本馆 CIP 数据核字第 2024DK5052 号

建筑工程施工（初级篇）（俄语版）
JIANZHU GONGCHENG SHIGONG (CHUJIPIAN) (EYUBAN)

责任编辑：	武传霞
俄文编辑：	李晓娟
排版制作：	北京青侣文化创意设计有限公司
责任印制：	周 燚

出版发行：	北京语言大学出版社
社　　址：	北京市海淀区学院路 15 号，100083
网　　址：	www.blcup.com
电子信箱：	service@blcup.com
电　　话：	编辑部　8610-82303647/3592/3395
	国内发行　8610-82303650/3591/3648
	海外发行　8610-82303365/3080/3668
	北语书店　8610-82303653
	网购咨询　8610-82303908
印　　刷：	北京瑞禾彩色印刷有限公司

版　次：	2025 年 6 月第 1 版	印　次：	2025 年 6 月第 1 次印刷
开　本：	787 毫米 × 1092 毫米　1/16	印　张：	19.5
字　数：	234 千字		
定　价：	115.00 元		

PRINTED IN CHINA

凡有印装质量问题，本社负责调换。售后QQ号1367565611，电话010-82303590

前　言

　　为进一步推动各国学习者中文语言能力和专业技能深度融合，提升学习者围绕特定行业场景、典型工作任务使用中文进行沟通和交流的能力，持续满足中文学习者的职业规划和个人发展需求，实现优质教育资源共享，促进多彩文明交流互鉴，教育部中外语言交流合作中心联合有色金属工业人才中心，根据各国"中文+职业技能"教学发展实际需求，以中国职业院校为依托，组织职业教育、国际中文教育、出版和相关企业等领域的专家，共同研发"职通中文"系列教材及配套教学资源。

　　"职通中文"系列教材参照《国际中文教育中文水平等级标准》和《职业中文能力等级标准》，分为初、中、高三个等级。各等级均遵循"语言和技能相融合""好学、好教、好用"的编写理念，根据相关职业的典型工作场景、工作任务和高频用语，设计课文、会话、语言点和练习等板块，不断提升学习者在职业技术领域的中文应用水平和关键技术能力，为学习者尽快熟悉和适应工作环境提供帮助。本系列教材适用于在中国企业从事相关职业工作的各国员工，也适用于在华留学生或长短期培训人员，以及有意向了解中国语言文化和职业技能的学习者。

　　《建筑工程施工（初级篇）》是"职通中文"系列教材之一，适用于中国"走出去"企业建筑工程施工岗位本土员工的在岗语言和技术培训。本教材能够提升本土员工的中文交际能力和技能操作水平，使其在从事相关工作时能够与中国员工或客户用中文进行简单的工作交流，掌握建筑工程施工的全流程操作技能，按照中文岗位的施工操作规程完成工作内容。

　　本教材共三十课。内容基本覆盖了建筑工程施工的各个方面，除了建筑施工的各类设施、机械设备、材料工具等以外，重点讲解了每项工程的施工工艺和操作步骤。在语言方面，本教材提供了建筑工程施工中的常用生词、基本语法、基础拼音和汉字书写等内容，还介绍了有关中国传统文化和现代文明，以及职业方面的拓展知识。学习者可以根据自己的工作岗位需求，进行有针对性的学习。

本教材贯彻了中文语言和职业技能融合学习的理念，具有显著的特色：

1. 整本教材遵循循序渐进的学习规律，既培养学习者的学习兴趣，又保证学习者能力的逐步提升。

2. 为了适应初级学习者的需求，教材尽量选用简单的词汇、语法和短文。

3. 教材选用大量的图片，从而有利于初学者的学习和认知。

4. 教材的生词及课文部分配有音频，以有助于语言学习。

5. 教材设置了多种形式的练习，以帮助学习者提高语言水平和技能操作能力。

教材由北京工业职业技术学院张贵国担任主编，李光子、李良树担任副主编，赵欢、王月钱等老师参与了编写。张贵国负责统稿工作，赵欢负责语料的审核，张贵国和李光子负责翻译。

教材得到了宋凯、赵丽霞、孟晴、张丽丽、陶瑞雪等领导的关心和支持，崔永华、苏英霞、梁宇、宋继华、刘建国、梁赤民、陈曼倩等专家学者提出了许多宝贵建议，我们在此表示衷心感谢。教材还得益于北京工业职业技术学院和北京语言大学出版社的鼎力支持和精心指导，在此一并表示感谢。

"职通中文"系列教材的出版和应用能够促进各国"中文+职业技能"人才的培养，推动当地经济发展，从而为构建人类命运共同体做出积极贡献。由于项目团队学识和相关经验有限，加之时间紧迫，本书肯定有许多疏漏、不足之处。恳请本书的使用者将发现的问题反馈给我们，以便再版和编写相关教材时改进。

编写团队

2024 年11月

Предисловие

В целях дальнейшего содействия глубокой интеграции китайского языка и профессиональных навыков у учащихся из разных стран, повышения их способности использовать китайский язык для общения и обмена информацией в конкретных отраслевых ситуациях и при выполнении типичных рабочих задач, непрерывного удовлетворения потребностей учащихся в профессиональном планировании и личностном развитии, обеспечения совместного использования высококачественных образовательных ресурсов и содействия культурному обмену, Центр языкового образования и сотрудничества Министерства образования КНР совместно с Центром талантов промышленности цветной металлургии Китая, основываясь на фактических потребностях развития преподавания «Китайский язык + профессиональные навыки» в различных странах, опираясь на китайские профессиональные колледжи, организовали экспертов в области профессионального образования, международного образования китайского языка, издательского дела и смежных предприятий для совместной разработки серии учебных материалов «Профессиональный китайский» и сопутствующих образовательных ресурсов.

Серия учебных материалов «Профессиональный китайский» разработана с учетом «Международного стандарта уровня китайского языка для международного образования по китайскому языку» и «Стандарта уровня профессиональной компетенции китайского языка» и разделена на три уровня: начальный, средний и высокий. Каждый уровень следует концепции разработки «интеграция языка и навыков», «легко учиться, легко преподавать, легко использовать», и, основываясь на типичных рабочих сценариях, рабочих задачах и часто используемых выражениях соответствующих профессий, разрабатывает такие разделы, как тексты, диалоги, языковые моменты и упражнения, чтобы постоянно повышать уровень применения китайского языка и ключевых технических навыков учащихся в профессионально-технической сфере, и помогать учащимся как можно быстрее освоиться и адаптироваться к рабочей среде. Данная серия учебных материалов подходит для сотрудников разных стран, работающих в китайских компаниях, занимающихся соответствующими профессиями, а также для иностранных студентов или участников краткосрочных и долгосрочных программ обучения в Китае, а также для тех, кто заинтересован в изучении китайского языка и культуры и профессиональных навыков.

«Строительство зданий и сооружений (начальный уровень)» является одним из серии учебных материалов «Профессиональный китайский» и подходит для языковой и технической подготовки на рабочем месте местных сотрудников, занимающихся строительными работами на предприятиях, выходящих на международный рынок. Эта книга может улучшить коммуникативные навыки на китайском языке и уровень владения профессиональными навыками местных сотрудников, чтобы они могли использовать китайский язык для простого рабочего общения с китайскими сотрудниками или клиентами при выполнении соответствующей работы, овладеть полным набором операционных навыков строительства зданий и сооружений и выполнять рабочее содержание в соответствии с правилами выполнения строительных операций на китайском языке.

Содержание этой книги состоит из тридцати уроков. Содержание в основном охватывает все аспекты строительства зданий и сооружений. В дополнение к различным объектам, механическому оборудованию, материалам и инструментам строительства, основное внимание уделяется объяснению технологии строительства и этапов эксплуатации каждого строительного проекта. С точки зрения языка, эта книга содержит часто используемые новые слова, базовую грамматику, базовый пиньинь и содержание иероглифического письма, используемые в строительстве, а также представляет расширенные знания о китайской традиционной культуре и современной цивилизации, а также о карьере. Учащиеся могут проводить целевое обучение в соответствии со своими потребностями в работе.

Эта книга воплощает концепцию интегрированного изучения китайского языка и профессиональных навыков и имеет отличительные особенности:

1. Весь учебный материал пронизан закономерностями постепенного обучения, что не только развивает интерес учащихся к обучению, но и обеспечивает постепенное повышение способностей учащихся.
2. Чтобы удовлетворить потребности начинающих, в учебных материалах стараются использовать простые слова, грамматику и короткие тексты.
3. В учебных материалах используется большое количество фотографий, что способствует обучению и познанию начинающих.
4. Новые слова и тексты в учебных материалах сопровождаются аудио, что помогает в изучении языка.
5. Учебные материалы содержат разнообразные и богатые упражнения, которые помогают учащимся своевременно осваивать и повышать уровень владения языковыми и профессиональными навыками.

Главным редактором всей книги является Чжан Гуйго из Пекинского профессионально-технического института, заместителями главного редактора являются Ли Гуанцзы и Ли Ляншу, а в написании участвовали такие преподаватели, как Чжао Хуань и Ван Юэцянь. Чжан Гуйго отвечает за координацию работы, Чжао Хуань отвечает за проверку языкового материала, а Чжан Гуйго и Ли Гуанцзы отвечают за перевод.

Вся книга получила заботу и поддержку со стороны руководителей, таких как Сун Кай, Чжао Лися, Мэн Цин, Чжан Лили, Тао Жуйсю, и многие ценные предложения были высказаны экспертами и учеными, такими как Цуй Юнхуа, Су Инся, Лян Юй, Сун Цзихуа, Лю Цзяньго, Лян Чиминь, Чэнь Маньцянь, за что мы выражаем искреннюю благодарность. Вся книга также выиграла от полной поддержки и тщательного руководства Пекинского профессионально-технического института и Издательства Пекинского университета языка и культуры, за что мы также выражаем благодарность.

  Издание и применение серии учебных материалов «Профессиональный китайский» может способствовать подготовке специалистов «Китайский язык + профессиональные навыки» в различных странах, способствовать местному экономическому развитию и тем самым вносить активный вклад в построение сообщества единой судьбы человечества. В связи с ограниченностью знаний и соответствующего опыта проектной группы, а также в связи с нехваткой времени, в этой книге наверняка есть много упущений и недостатков. Мы просим пользователей этой книги сообщать нам о выявленных проблемах, чтобы мы могли улучшить их при переиздании и составлении соответствующих учебных материалов.

Группа редакции
Ноябрь 2024г.

词类简称表
Сокращённое название части речи

词性 Части речи	俄译 перевод с китайского языка на русский язык	简称 сокращённое название
名词 míngcí	имя существительное	*сущ.*
专有名词 zhuānyǒu míngcí	имя собственное	*имя собст.*
代词 dàicí	местоимение	*местоим.*
数词 shùcí	числительное	*числ.*
量词 liàngcí	счётное слово	*счёт. сл.*
数量词 shùliàngcí	счётное слово и числительное	*счёт. сл. и числ.*
动词 dòngcí	глагол	*гл.*
能愿动词 néngyuàn dòngcí	модальный глагол	*мод. гл.*
形容词 xíngróngcí	прилагательное	*прил.*
副词 fùcí	наречие	*нареч.*
介词 jiècí	предлог	*предл.*
连词 liáncí	союз	*с.*
助词 zhùcí	служебное слово	*сл. сл.*
叹词 tàncí	междометие	*межд.*
前缀 qiánzhuì	префикс	*преф.*
后缀 hòuzhuì	суффикс	*суфф.*
短语 duǎnyǔ	словосочетание	*словосоч.*

目 录 Содержание

第 1 课	安全防护	Урок 1	Техника безопасности ············ 1
第 2 课	建筑工地	Урок 2	Строительная площадка ········ 10
第 3 课	基础施工	Урок 3	Строительство фундамента ····· 20
第 4 课	砌筑工程	Урок 4	Кладочные работы ············· 30
第 5 课	钢筋混凝土	Урок 5	Железобетонные конструкции ··· 40
第 6 课	钢结构	Урок 6	Стальные конструкции ········· 50
第 7 课	防水工程	Урок 7	Гидроизоляционные работы ····· 60
第 8 课	装饰施工	Урок 8	Отделочные работы ············ 70
第 9 课	开挖基坑	Урок 9	Разработка котлована ·········· 79
第 10 课	做独立基础	Урок 10	Возведение ленточного фундамента ·················· 88
第 11 课	做筏板基础	Урок 11	Возведение плитного фундамента ·················· 98
第 12 课	搭设脚手架	Урок 12	Монтаж строительных лесов ·· 108
第 13 课	砌筑砖基础	Урок 13	Кладка кирпичного фундамента ·················· 118
第 14 课	砌筑砌块墙	Урок 14	Кладка блочных стен ·········· 128
第 15 课	加工钢筋	Урок 15	Обработка арматуры ·········· 138
第 16 课	连接和绑扎钢筋	Урок 16	Соединение и вязка арматуры ···················· 147

第 17 课	支柱模板	Урок 17	Установка опалубки колонн ················ 157
第 18 课	拌制和运输混凝土	Урок 18	Приготовление и транспортировка бетона ················ 167
第 19 课	浇筑混凝土	Урок 19	Бетонирование ············ 177
第 20 课	制作钢梁	Урок 20	Изготовление стальных балок ················ 187
第 21 课	焊接钢屋架	Урок 21	Сварка стальных ферм ········ 197
第 22 课	吊装钢屋面	Урок 22	Монтаж стальной кровли ··· 207
第 23 课	铺设卷材防水屋面	Урок 23	Укладка рулонный кровли ··· 217
第 24 课	铺设瓦屋面	Урок 24	Укладка черепичной кровли ················ 227
第 25 课	做地下室防水	Урок 25	Гидроизоляция подвала ····· 236
第 26 课	做卫生间防水	Урок 26	Гидроизоляция санузла ····· 245
第 27 课	铺贴墙面砖	Урок 27	Облицовка стен плиткой ···· 254
第 28 课	安装玻璃幕墙	Урок 28	Монтаж стеклянного фасада ················ 265
第 29 课	铺设地砖	Урок 29	Укладка напольной плитки ··· 275
第 30 课	架设吊顶	Урок 30	Монтаж подвесного потолка ················ 285

第1课 Урок 1

Ānquán fánghù
安全防护
Техника безопасности

 **热身** Разминка

选择正确的图片。Выберите правильную картинку.

	fánghuáxié		
①	防滑鞋	Противоскользящая обувь	( )
	ānquánmào		
②	安全帽	Защитная каска	( )
	ānquándài		
③	安全带	Страховочный ремень	( )
	gōngzuòfú		
④	工作服	Спецодежда	( )

1

学习生词 Изучите новые слова 🎧 01-01

1	安全	ānquán	*сущ.*	Безопасность
2	防护	fánghù	*гл.*	Защищать, предохранять
3	进入	jìnrù	*гл.*	Входить
4	建筑	jiànzhù	*сущ.*	Архитектура, строительство
5	工地	gōngdì	*сущ.*	Строительная площадка
6	有	yǒu	*гл.*	Есть, иметься
7	哪些	nǎxiē	*местоим.*	Какие
8	要	yào	*мод. гл.*	Нужно, необходимо
9	戴	dài	*гл.*	Надеть
10	安全帽	ānquánmào	*сущ.*	Защитная каска
11	穿	chuān	*гл.*	Надевать
12	工作服	gōngzuòfú	*сущ.*	Спецодежда
13	防滑鞋	fánghuáxié	*сущ.*	Противоскользящая обувь
14	系	jì	*гл.*	Пристегнуть
15	安全带	ānquándài	*сущ.*	Страховочный ремень
16	吗	ma	*сл.сл.*	Вопросительная частица

第1课 | 安全防护

词汇练习 Упражнения (лексика)

1. 看图认读词语。Посмотрите на рисунки и прочитайте слова.

jiànzhù
建筑

gōngdì
工地

ānquán fánghù
安全防护

ānquánmào
安全帽

gōngzuòfú
工作服

fánghuáxié
防滑鞋

2. 词语连线。Составьте словосочетания.

ānquán 安全	ānquándài 安全带
jì 系	gōngzuòfú 工作服
jiànzhù 建筑	ānquánmào 安全帽
dài 戴	fánghù 防护
chuān 穿	gōngdì 工地

3

 **学习课文** Изучите текст 🎧 01-02

安全 防护
Ānquán fánghù

Mǎ Míng: Jìnrù jiànzhù gōngdì, yǒu nǎxiē ānquán fánghù?
马 明：进入建筑工地，有哪些安全防护？

Wáng Tiān: Yào dài ānquánmào, yào chuān gōngzuòfú, fánghuáxié.
王 天：要戴安全帽，要穿工作服、防滑鞋。

Mǎ Míng: Yào jì ānquándài ma?
马 明：要系安全带吗？

Wáng Tiān: Yào jì ānquándài.
王 天：要系安全带。

Меры предосторожности

Ма Мин: Какие есть меры предосторожности при входе на строительную площадку?

Ван Тянь: Нужно надеть защитную каску, спецодежду и противоскользящую обувь.

Ма Мин: Нужно ли пристегнуть страховочный ремень?

Ван Тянь: Нужно пристегнуть страховочный ремень.

第1课 | 安全防护

课文练习 Работа с текстом

1. 选择填空。 Заполните пропуски подходящим по смыслу вариантом.

① 进入建筑工地，要戴（　　），穿（　　）。

  A. 安全帽　　　　　　　　B. 工作服

② 进入建筑工地，要穿（　　），系（　　）。

  A. 安全带　　　　　　　　B. 防滑鞋

③ （　　）建筑工地，有哪些安全（　　）？

  A. 进入　　　　　　　　　B. 防护

④ 进入建筑工地，要（　　）防滑鞋，（　　）安全带。

  A. 系　　　　　　　　　　B. 穿

2. 听指令，做动作。 Прослушайте команду и выполните действия.

① 戴安全帽　　② 穿工作服　　③ 穿防滑鞋　　④ 系安全带

学习语法 Грамматика

语法点 1　Грамматический комментарий 1

疑问代词：哪些　Составьте вопросы, используя слово: 哪些

用在疑问句中，用来对众多的人或事物进行提问。

Используется в вопросах, для получения информации о субъектах и объектах представленных во множественные числе.

5

> Jìnrù gōngdì, yǒu nǎxiē ānquán fánghù?
> ① 进入 工地，有 哪些 安全 防护？
> Какие есть меры предосторожности при входе на строительную площадку?
>
> Nǐ yǒu nǎxiē shū?
> ② 你 有 哪些 书？ Какие у тебя есть книги?
>
> Wǒ yào zuò nǎxiē liànxí?
> ③ 我 要 做 哪些 练习？ Какие упражнения мне нужно выполнить?

语法点1练习　Упражнение 1 (грамматика)

连词成句。Составьте предложения, используя предоставленные слова.

① ①建筑　②安全　③工地　④哪些　⑤有　⑥防护　⑦进入

_____?

② ①工地　②注意　③哪些　④安全　⑤要　⑥进入　⑦问题

_____?

③ ①课文　②哪些　③要　④学习　⑤我们

_____?

④ ①哪些　②读　③他　④生词　⑤要

_____?

语法点 2　Грамматический комментарий 2

能愿动词：要　Модальный глагол: 要

用在动词前，表示应该（做什么）。用于提出要求。

Используется перед глаголом для дачи инструкций, обозначения требований.

1. Nǐ yào dài ānquánmào.
   你 要 带 安全帽。　Вам нужно надеть защитную каску.

2. Nǐ yào chuān gōngzuòfú, yào chuān fánghuáxié.
   你 要 穿 工作服，要 穿 防滑鞋。
   Вам нужно надеть спецодежду и противоскользящую обувь.

3. Nǐ yào jì ānquándài.
   你 要 系 安全带。　Вам нужно пристегнуть страховочный ремень.

语法点 2 练习　Упражнение 2 (грамматика)

连词成句。Составьте предложения, используя предоставленные слова.

1. ①要　②安全帽　③工地　④戴　⑤进入

   _____。

2. ①系　②要　③安全带　④你

   _____。

3. ①要　②工作服　③你　④穿

   _____。

4. ①穿　②你　③防滑鞋　④要

   _____。

 汉字书写 Практика написания китайских иероглифов

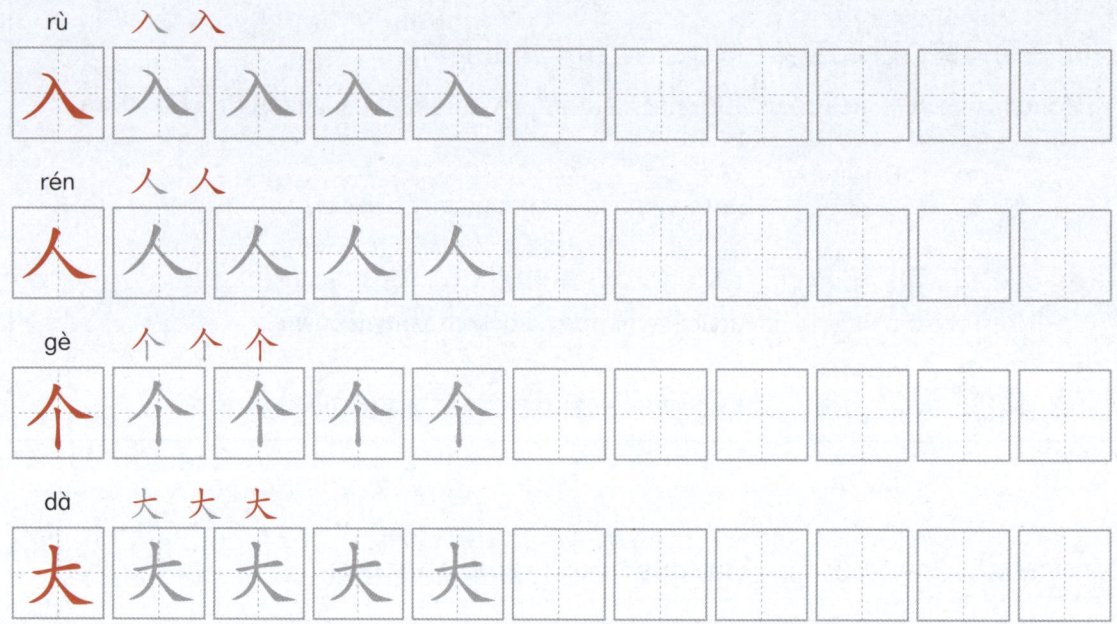

 文化拓展 Культурный экскурс

Конфуций

Конфуций (Кунцзы), родившийся в VI веке до н. э. в период Вёсен и Осеней в государстве Лу, был великим философом и просветителем. Согласно легенде, у него было 3 000 учеников. Позже на основе его изречений, деяний и мыслей, перенесены его учениками на бумагу составлен канон Конфуцианства Лунь Юй. Труды и учения Конфуция продолжают широко распространяться и оказывают глубокое влияние по сей день.

 小结 Закрепление материала

词语 Лексика

朗读下列词语。Прочитайте следующие слова.

| 防护 | 进入 | 建筑 | 工地 | 戴 |
| 系 | 穿 | 工作服 | 防滑鞋 | 安全带 |

语法 Грамматика

朗读下列句子。Прочитайте следующие предложения.

1. 进入建筑工地，有哪些安全防护？
2. 你有哪些书？
3. 你要戴安全帽。
4. 你要系安全带。

课文理解 Работа с текстом

选择填空。Заполните пропуски подходящим по смыслу вариантом.

1. 进入建筑（　　），有（　　）安全防护？
   A. 哪些　　　　　B. 工地　　　　　C. 要

2. 你要戴（　　），穿工作服，穿（　　）。
   A. 防滑鞋　　　　B. 安全带　　　　C. 安全帽

3. 你要系（　　）。
   A. 安全帽　　　　B. 安全带　　　　C. 工作服

4. （　　）建筑工地，要（　　）安全帽，（　　）工作服。
   A. 戴　　　　　　B. 进入　　　　　C. 穿

第2课 Урок 2

建筑工地
Jiànzhù gōngdī
Строительная площадка

复习 Повторение

朗读下列词语。Прочитайте следующие слова.

| 安全 | 建筑 | 工地 | 哪些 |
| 防护 | 安全帽 | 工作服 | 防滑鞋 |

热身 Разминка

选择正确的图片。Выберите правильную картинку.

第 2 课 | 建筑工地

1. tǎdiào 塔吊 — Башенный кран ( )
2. bàngōngshì 办公室 — Офис ( )
3. gāngjīn 钢筋 — Арматура ( )
4. shuǐní 水泥 — Цемент ( )

 **学习生词** Изучите новые слова 🎧 02-01

1	围挡	wéidǎng	сущ.	Ограждение
2	分	fēn	гл.	Делиться на
3	生产区	shēngchǎnqū	сущ.	Производственная зона/участок
4	办公区	bàngōngqū	сущ.	Офисная/административная зона

11

5	和	hé	с.	И
6	生活区	shēnghuóqū	сущ.	Жилая зона
7	塔吊	tǎdiào	сущ.	Башенный кран
8	脚手架	jiǎoshǒujià	сущ.	Строительные леса
9	钢筋	gāngjīn	сущ.	Арматура
10	水泥	shuǐní	сущ.	Цемент
11	等	děng	сл.сл.	И т.д.
12	办公室	bàngōngshì	сущ.	Офис
13	会议室	huìyìshì	сущ.	Зал заседаний
14	宿舍	sùshè	сущ.	Общежитие
15	在	zài	гл.	Находиться в, на

词汇练习 Упражнения (лексика)

1. 看图认读词语。 Посмотрите на рисунки и прочитайте слова.

shēngchǎnqū
生产区

bàngōngqū
办公区

shēnghuóqū
生活区

第 2 课 | 建筑工地

sùshè
宿舍

jiǎoshǒujià
脚手架

huìyìshì
会议室

2. 给下列词语分类。Распределите по группам следующие слова.

A. shuǐní 水泥 B. shēngchǎnqū 生产区 C. tǎdiào 塔吊 D. sùshè 宿舍

E. bàngōngqū 办公区 F. jiǎoshǒujià 脚手架 G. huìyìshì 会议室 H. shēnghuóqū 生活区

I. bàngōngshì 办公室 J. wéidǎng 围挡 K. gāngjīn 钢筋

建筑工地：（　　　　　）

工地的建筑：（　　　　　）

工地的设施（Оборудование стройплощадки）：（　　　　　）

工地的材料（Строительные материалы）：（　　　　　）

13

 学习课文 Изучите текст 🎧 02-02

建筑 工地
Jiànzhù gōngdì

Jiànzhù gōngdì yǒu wéidǎng. Jiànzhù gōngdì fēn shēngchǎnqū、
建筑工地有围挡。建筑工地分生产区、

bàngōngqū hé shēnghuóqū. Shēngchǎnqū yǒu tǎdiào、 jiǎoshǒujià、
办公区 和 生活区。生产区 有 塔吊、脚手架、

gāngjīn hé shuǐní děng. Bàngōngqū yǒu bàngōngshì hé huìyìshì.
钢筋 和 水泥 等。办公区 有 办公室 和 会议室。

Sùshè zài shēnghuóqū.
宿舍 在 生活区。

Строительная площадка

Огороженная строительная площадка включает производственную, административную и жилую зоны. Производственная зона оборудована башенными кранами, строительными лесами, здесь хранятся арматура и цемент. В административной зоне расположены офисы и переговорные. Жилая зона включает общежитие.

第 2 课 | 建筑工地

课文练习 Работа с текстом

1. 词语连线。 Составьте предложения.

建筑工地		会议室
		塔吊
办公区		脚手架
	有	宿舍
生活区		围挡
		水泥
生产区		办公室
		钢筋

2. 选择填空。 Заполните пропуски подходящим по смыслу вариантом.

① 建筑工地分（　　）。

    A. 办公区　　B. 生活区　　C. 生产区　　D. 宿舍

② 塔吊和脚手架在（　　）。

    A. 生产区　　B. 办公区　　C. 生活区

③ 办公区有（　　）。

    A. 宿舍　　B. 办公室　　C. 会议室　　D. 钢筋

④ 宿舍在（　　）。

    A. 生产区　　B. 办公区　　C. 生活区

学习语法 Грамматика

语法点 1 Грамматический комментарий 1

表存在的"有"字句　Предложение со словом "有"

用于表示某处存在某物。结构为：处所 + 有 + 存在物。

Используется для обозначения нахождения объекта в каком-либо месте. Структура: место + 有 + существующий предмет. Пример:

1. Jiànzhù gōngdì yǒu wéidǎng.
   建筑工地有围挡。
   Вокруг строительной площадки есть ограждение.

2. Shēngchǎnqū yǒu tǎdiào hé jiǎoshǒujià.
   生产区有塔吊和脚手架。
   В производственной зоне есть башенные краны и строительные леса.

3. Bàngōngqū yǒu bàngōngshì hé huìyìshì.
   办公区有办公室和会议室。
   В офисной зоне есть офисы и залы для заседаний.

语法点 1 练习　Упражнение 1 (грамматика)

选词填空。Заполните пропуски подходящим по смыслу вариантом.

A. 钢筋　　B. 生产区　　C. 宿舍　　D. 会议室

1. 建筑工地有（　　）。　　2. 办公区有（　　）。
3. 生产区有（　　）。　　4. 生活区有（　　）。

语法点 2　Грамматический комментарий 2

动词：在　Глагол: 在

表示人或物存在于（某处），一般由表示处所的词语做宾语。

Обозначает, что человек или предмет существуют в (определенном месте), обычно используется со словами-дополнениями, обозначающими некое помещение. Пример:

1. Sùshè zài shēnghuóqū.
   宿舍在 生活区。Общежитие находится в жилой зоне.
2. Tǎdiào zài shēngchǎnqū.
   塔吊在 生产区。Башенный кран находится в производственной зоне.
3. Huìyìshì zài bàngōngqū.
   会议室在 办公区。Зал для заседаний находится в офисной зоне.

语法点 2 练习　Упражнение 2 (грамматика)

选词填空。Заполните пропуски подходящим по смыслу вариантом.

> A. 生产区　　B. 办公区　　C. 生活区

1. 宿舍在（　　）。
2. 钢筋在（　　）。
3. 办公室在（　　）。
4. 脚手架在（　　）。

 **汉字书写** Практика написания китайских иероглифов

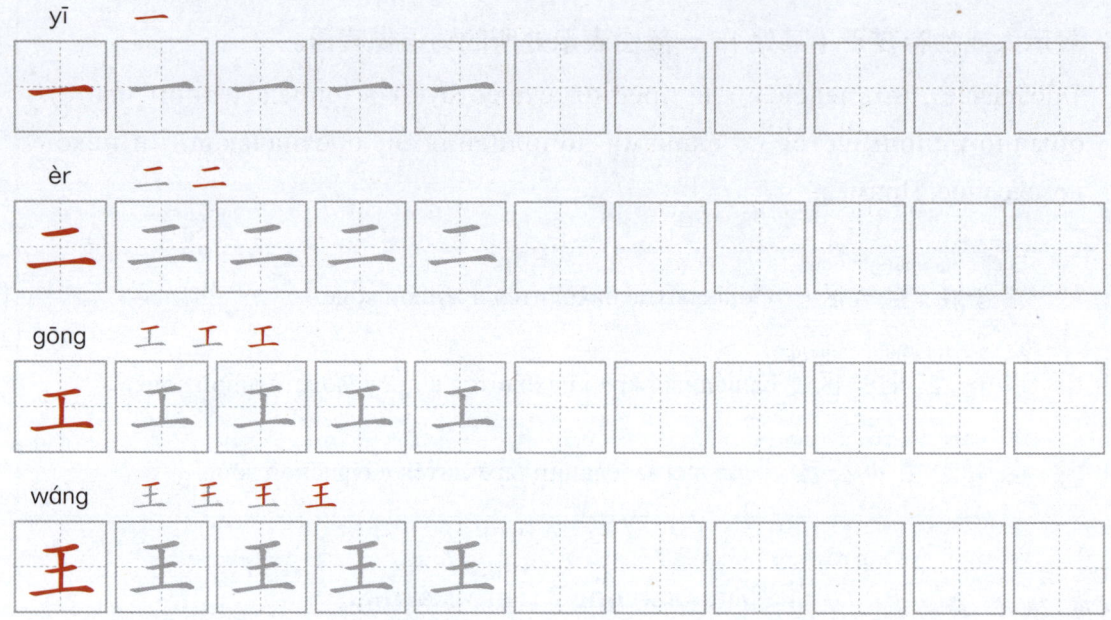

 **职业拓展** Строительство: взгляд изнутри

Ознакомление с правилами безопасности в строительстве

На стройплощадке обязательны средства индивидуальной защиты (каски, спецобувь и др.), при высотных работах — страховочные ремни. Используйте соответствующий инструмент, соблюдайте правила техники безопасности и избегайте опасных зон без разрешения. Обращайте внимание на погодные условия, чтобы избежать несчастных случаев, вызванных суровой погодой.

第 2 课 | 建筑工地

小结 Закрепление материала

词语 Лексика

朗读下列词语。Прочитайте следующие слова.

| 生产区 | 办公区 | 生活区 | 塔吊 | 脚手架 |
| 钢筋 | 水泥 | 办公室 | 会议室 | 宿舍 |

语法 Грамматика

朗读下列句子。Прочитайте следующие предложения.

1. 建筑工地有围挡。
2. 生产区有塔吊、脚手架、钢筋和水泥等。
3. 宿舍在生活区。
4. 塔吊和脚手架在生产区。

课文理解 Работа с текстом

选词填空。Заполните пропуски подходящим по смыслу вариантом.

| A. 生产区 | B. 钢筋 | C. 生活区 | D. 脚手架 | E. 宿舍 |
| F. 会议室 | G. 办公区 | H. 塔吊 | I. 办公室 | J. 水泥 |

1. 建筑工地分（　　）、（　　）和（　　）。
2. 生产区有（　　）、（　　）、（　　）和（　　）等。
3. 办公区有（　　）和（　　）。
4. （　　）在生活区。

第3课 Урок 3

Jīchǔ shīgōng
基础施工
Строительство фундамента

复习 Повторение

朗读下列词语。Прочитайте следующие слова.

围挡	塔吊	脚手架	钢筋
水泥	办公室	生产区	宿舍

热身 Разминка

选择正确的图片。Выберите правильную картинку.

  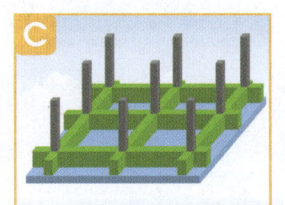 

第 3 课 | 基础施工

	wātǔjī		
❶	挖土机	Экскаватор	( )
❷	tuītǔjī 推土机	Бульдозер	( )
❸	tiáoxíng jīchǔ 条形基础	Ленточный фундамент	( )
❹	fábǎn jīchǔ 筏板基础	Плитный фундамент	( )

 学习生词 Изучите новые слова 🎧 03-01

1	基础	jīchǔ	*сущ.*	Фундамент
2	施工	shī//gōng	*гл.*	Осуществлять/ вести строительство
3	平整	píngzhěng	*гл.*	Выравнивать, плоский
4	场地	chǎngdì	*сущ.*	Площадка, грунт
5	挖土	wā tǔ	*словосоч.*	Отрывка грунта
	土	tǔ	*сущ.*	Земля, грунт
6	制作	zhìzuò	*гл.*	Производить
7	机械	jīxiè	*сущ.*	Механика
8	推土机	tuītǔjī	*сущ.*	Бульдозер

21

9	挖土机	wātǔjī	*сущ.*	Экскаватор
10	运土车	yùntǔchē	*сущ.*	Самосвал
11	是	shì	*гл.*	Есть
12	的	de	*сл. сл.*	Принадлежность
13	独立基础	dúlì jīchǔ	*словосоч.*	Отдельный фундамент
14	条形基础	tiáoxíng jīchǔ	*словосоч.*	Ленточный фундамент
15	筏板基础	fábǎn jīchǔ	*словосоч.*	Плитный фундамент

词汇练习 Упражнения (лексика)

1. 看图认读词语。Посмотрите на рисунки и прочитайте слова.

tiáoxíng jīchǔ
条形 基础

shīgōng
施工

píngzhěng chǎngdì
平整 场地

yùntǔchē
运土车

dúlì jīchǔ
独立基础

fábǎn jīchǔ
筏板基础

2. 给下列词语分类。**Распределите по группам следующие слова.**

A. 条形基础 (tiáoxíng jīchǔ) B. 运土车 (yùntǔchē) C. 推土机 (tuītǔjī) D. 筏板基础 (fábǎn jīchǔ)

E. 挖土 (wā tǔ) F. 挖土机 (wātǔjī) G. 独立基础 (dúlì jīchǔ) H. 平整场地 (píngzhěng chǎngdì)

I. 制作基础 (zhìzuò jīchǔ)

施工机械：（　　　　　　）　　基础：（　　　　　　）

基础施工：（　　　　　　）

 学习课文　**Изучите текст**　🎧 03-02

基础施工 (Jīchǔ shīgōng)

基础施工有平整场地、挖土和制作基础等。施工机械有推土机、挖土机和运土车等。推土机是平整场地的施工机械。基础有独立基础、条形基础和筏板基础等。

Строительство фундамента

В строительство фундамента входят выравнивание площадки, разработка грунта, производство фундамента и т.д. В строительную технику входят бульдозер, экскаватор, землевоз и т.д. Бульдозер представляет собой строительную технику для выравнивания площадки. Есть фундамент отдельный, ленточный, плитный и т.д.

课文练习 Работа с текстом

1. 选择填空。 Заполните пропуски подходящим по смыслу вариантом.

① 基础施工有（　　）、挖土和（　　）等。

　A. 制作基础　　　　　　B. 推土

　C. 塔吊　　　　　　　　D. 平整场地

② 施工机械有（　　）、（　　）和运土车等。

　A. 基础　　　　　　　　B. 推土机

　C. 安全帽　　　　　　　D. 挖土机

③ 基础有独立基础、（　　）和筏板基础等。

　A. 制作基础　　　　　　B. 施工机械

　C. 平整场地　　　　　　D. 条形基础

④ 推土机是（　　）的施工机械。

　A. 挖土　　　　　　　　B. 施工

　C. 制作基础　　　　　　D. 平整场地

2. 判断对错。 Определите, правильно ли утверждение.

① 基础施工有平整场地、挖土和制作基础等。　　　　　（　　）

② 施工机械有推土机、挖土机和钢筋等。　　　　　　　（　　）

③ 塔吊是平整场地的施工机械。　　　　　　　　　　　（　　）

④ 基础有独立基础、条形基础和筏板基础等。　　　　　（　　）

学习语法　Грамматика

  语法点 1　Грамматический комментарий 1

助词：等　　Служебное слово: 等

表示列举未尽。
Означает незаконченное перечисление.

---

① Jīchǔ yǒu dúlì jīchǔ、 tiáoxíng jīchǔ hé fábǎn jīchǔ děng.
基础有独立基础、条形基础和筏板基础等。
Существуют различные типы фундаментов, включая отдельный, ленточный, плитный и другие.

② Shīgōng jīxiè yǒu tuītǔjī、 wātǔjī hé yùntǔchē děng.
施工机械有推土机、挖土机和运土车等。
Строительная техника включает в себя экскаваторы, бульдозеры, самосвалы и другую технику.

③ Ānquán fánghù yǒu dài ānquánmào hé jì ānquándài děng.
安全防护有戴安全帽和系安全带等。
Меры предосторожности на стройке включают ношение каски, страховочного ремня и т.д.

语法点1练习　Упражнение 1 (грамматика)

为"等"选择适当的位置。Поместите "等" в подходящее место в предложении.

1. 基础施工 A 有平整场地、挖土 B 和制作基础 C。　　　(　　)
2. 施工机械 A 有 B 推土机、挖土机和运土车 C。　　　(　　)
3. 安全防护 A 有 B 戴安全帽、穿工作服和穿防滑鞋 C。　　　(　　)
4. 基础 A 有 B 独立基础、条形基础和筏板基础 C。　　　(　　)

语法点2　Грамматический комментарий 2

连词：和　Союз: 和

表示联合关系，常用于连接两个或两个以上并列的成分。
Выражает сочинительную связь, обычно используется для соединения двух или более именных компонентов.

1. Jīchǔ shīgōng yǒu píngzhěng chǎngdì、wā tǔ hé zhìzuò jīchǔ děng.
   基础施工有平整场地、挖土和制作基础等。
   Строительство фундамента включает в себя выравнивание площадки, разработку грунта и, собственно, возведение самого фундамента.

2. Jīchǔ yǒu dúlì jīchǔ、tiáoxíng jīchǔ hé fábǎn jīchǔ děng.
   基础有独立基础、条形基础和筏板基础等。
   Фундаменты бывают отдельные, ленточные, плитные и т.д.

3. Jiànzhù gōngdì fēn shēngchǎnqū、bàngōngqū hé shēnghuóqū.
   建筑工地分生产区、办公区和生活区。
   В строительную площадку входят производственная, офисная и жилая зоны.

语法点 2 练习 Упражнение 2 (грамматика)

选词填空。Заполните пропуски подходящим по смыслу вариантом.

> A. 等　　B. 和　　C. 有　　D. 分

1. 基础施工（　　）平整场地、挖土（　　）制作基础（　　）。
2. 施工机械有推土机、挖土机（　　）运土车（　　）。
3. 基础有独立基础、条形基础（　　）筏板基础（　　）。
4. 建筑工地（　　）生产区、办公区（　　）生活区。

 **汉字书写** Практика написания китайских иероглифов

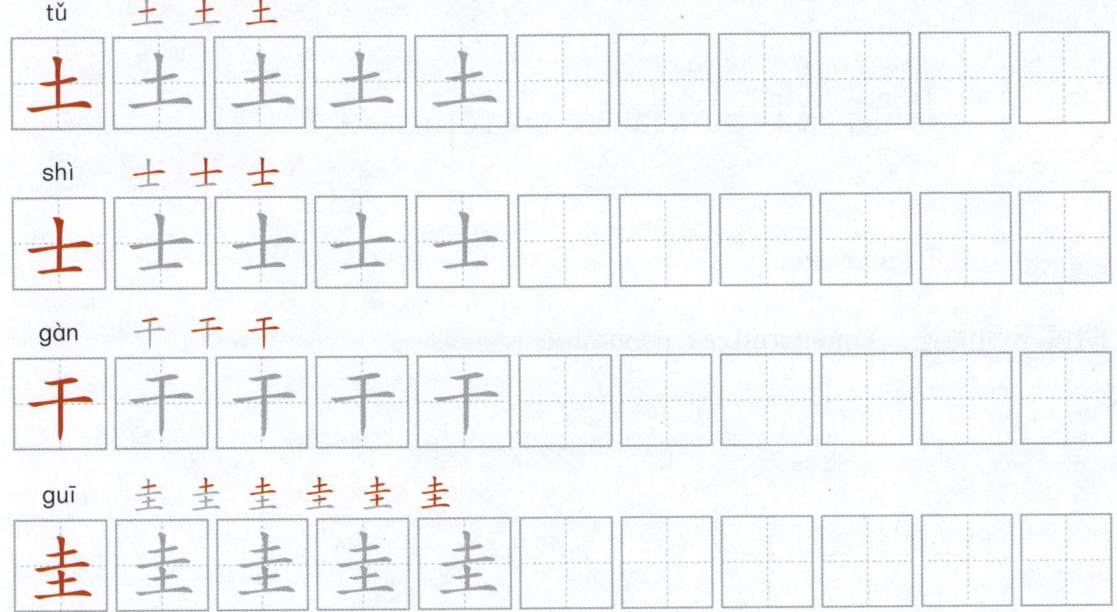

 **文化拓展** Культурный экскурс

Лаоцзы

Лаоцзы, известный философ и мыслитель, жил в Древнем Китае. Он ввел понятие "Дао" и стал автором легендарного труда "Дао дэ цзин". Лаоцзы выступал за единение с природой, приоритет внутреннего совершенствования и принцип управления через невмешательство. Отказавшись от погони за славой и богатством, он выбрал затворнический образ жизни. Скромный подход Лаоцзы и его акцент на внутреннем совершенствовании оказали глубокое влияние на будущие общества. → Лао-цзы – знаменитый китайский философ и мыслитель древности. Он – автор учения о «Дао» и книги «Дао дэ цзин». Лао Цзы выступал за единение с природой, приоритет внутреннего совершенствования и принцип управления через невмешательство. Он отвергал богатство и славу, предпочитая уединённую жизнь. Скромность Лао-цзы и его учение о внутренней гармонии оказали огромное влияние на последующие поколения.

 **小结** Закрепление материала

 词语 Лексика

朗读下列词语。Прочитайте следующие слова.

| 基础 | 平整 | 场地 | 推土机 | 施工 |
| 挖土机 | 机械 | 条形基础 | 筏板基础 | 制作 |

语法 Грамматика

朗读下列句子。Прочитайте следующие предложения.

1. 施工机械有推土机、挖土机和运土车等。
2. 基础有独立基础、条形基础和筏板基础等。
3. 基础施工有平整场地、挖土和制作基础等。
4. 安全防护有戴安全帽和系安全带等。

课文理解 Работа с текстом

连词成句。Составьте предложения, используя предоставленные слова.

1. ①等　②平整场地、挖土和制作基础　③基础施工　④有

   _____。

2. ①有　②等　③推土机、挖土机和运土车　④施工机械

   _____。

3. ①独立基础、条形基础和筏板基础　②有　③等　④基础

   _____。

4. ①施工机械　②是　③平整场地　④推土机　⑤的

   _____。

第4课 / Урок 4

Qìzhù gōngchéng
砌筑工程
Кладочные работы

复习 Повторение

朗读下列词语。Прочитайте следующие слова.

施工	机械	挖土	制作
推土机	独立基础	条形基础	筏板基础

热身 Разминка

选择正确的图片。Выберите правильную картинку.

第 4 课 | 砌筑工程

1. 砖 (zhuān) — Кирпич ( )
2. 砌块 (qìkuài) — Строительный блок ( )
3. 搅拌机 (jiǎobànjī) — Бетономешалка ( )
4. 砂浆 (shājiāng) — Строительный раствор ( )

 学习生词 Изучите новые слова 🎧 04-01

1	砌筑	qìzhù	гл.	Кладка
2	工程	gōngchéng	сущ.	Проект, строительство
3	砌体	qìtǐ	сущ.	Кладка
4	用	yòng	гл.	Использовать
5	砖	zhuān	сущ.	Кирпич
6	或	huò	с.	Или
7	砌块	qìkuài	сущ.	Строительный блок
8	墙体	qiángtǐ	сущ.	Стена
9	砖墙	zhuānqiáng	сущ.	Кирпичная стена
10	砌块墙	qìkuàiqiáng	сущ.	Блочная стена

31

11	需要	xūyào	гл.	Необходимо, требуется
12	砂浆	shājiāng	сущ.	Строительный раствор
13	材料	cáiliào	сущ.	Материал
14	搅拌机	jiǎobànjī	сущ.	Бетономешалка
15	翻斗车	fāndǒuchē	сущ.	Думпер

词汇练习 Упражнения (лексика)

1. 看图认读词语。 Посмотрите на рисунки и прочитайте слова.

qìzhù 砌筑 qiángtǐ 墙体 qìkuàiqiáng 砌块墙

shājiāng 砂浆 zhuānqiáng 砖墙 fāndǒuchē 翻斗车

2. 给下列词语分类。Распределите по группам следующие слова.

A. fāndǒuchē 翻斗车   B. qìkuài 砌块   C. shājiāng 砂浆   D. jiǎobànjī 搅拌机   E. zhuān 砖

砌筑材料：（　　　　　　）

施工机械：（　　　　　　）

 学习课文　Изучите текст　🎧 04-02

砌筑工程
Qìzhù gōngchéng

砌体用砖或砌块等砌筑。砌体有砖基础和墙体等。墙体有砖墙和砌块墙。砌筑砌体需要用砖、砌块和砂浆等材料，需要用砂浆搅拌机和翻斗车等施工机械。

33

Кладочные работы

Кладочные работы (кладка) выполняются из кирпича или блоков. Кладка включает в себя такие элементы, как кирпичные фундаменты и стены. Стены бывают кирпичными и блочными. Для каменной кладки требуются такие материалы, как кирпич, блоки, раствор и т.д. Также необходимы строительные машины, такие как бетономешалка, думпер и другая строительная техника.

课文练习 Работа с текстом

1. 判断对错。Определите, верно ли утверждение.

1. 砌体用砖或混凝土等砌筑。　　　　　　　　　　　　　　　　(　　)
2. 墙体有砖墙和砌块墙等。　　　　　　　　　　　　　　　　　(　　)
3. 砌筑砌体需要用砖、砌块和砂浆等材料。　　　　　　　　　　(　　)
4. 砌筑砌体需要用搅拌机和脚手架等施工机械。　　　　　　　　(　　)

2. 选择填空。Заполните пропуски подходящим по смыслу вариантом.

1. 砌体用（　　）或（　　）等砌筑。

    A. 混凝土　　　B. 砖　　　C. 砌块　　　D. 钢筋

2. 墙体有（　　）和（　　）。

    A. 砌体　　　B. 基础　　　C. 砖墙　　　D. 砌块墙

3 砌筑用的（　　）有（　　）、砌块和（　　）等。

   A. 砖　　　　B. 基础　　　　C. 材料　　　　D. 砂浆

4 砌筑工程需要的（　　）有（　　）、翻斗车等。

   A. 脚手架　　　　　　　　B. 砂浆搅拌机

   C. 施工机械　　　　　　　D. 砌块

学习语法 Грамматика

语法点 1　Грамматический комментарий 1

用……+ 动词性短语　　用 ... + глагольное словосочетание

表示使用某工具做某事。

Описывает использование инструмента для действия.

1　Yòng zhuān huò qìkuài děng qìzhù qìtǐ.
　　用 砖 或 砌块 等 砌筑 砌体。
　　Для кладки используют кирпич, блоки и другие материалы.

2　Yòng zhuān、qìkuài hé shājiāng děng qìzhù qiángtǐ.
　　用 砖、砌块 和 砂浆 等 砌筑 墙体。
　　Для кладки стен используется кирпич, блок, раствор и т.д.

3　Yào yòng zhuān hé shājiāng qìzhù zhuānjīchǔ.
　　要 用 砖 和 砂浆 砌筑 砖基础。
　　Для кладки кирпичного фундамента необходимо использовать кирпич и раствор.

语法点1练习　Упражнение 1 (грамматика)

连词成句。Составьте предложения, используя предоставленные слова.

1. ①推土机　②场地　③用　④平整

   _____。

2. ①挖土机　②用　③需要　④挖土

   _____。

3. ①砖　②用　③砌块　④墙体　⑤砌筑　⑥或

   _____。

4. ①砌体　②施工机械　③需要　④用　⑤砌筑

   _____。

语法点2　Грамматический комментарий 2

> **连词：或（或者）　Союз: 或（或者）**
>
> **表示选择关系。常用结构为：A 或（或者）B。**
> Конструкция используется для выражения отношений выбора. Часто используемая конструкция: A 或（或者）B.

1. Qìtǐ yòng zhuān huò qìkuài děng qìzhù.
   砌体用 砖 或 砌块 等 砌筑。
   Для кладки используют кирпич, блоки и другие материалы.

2. Jīntiān qìzhù zhuānqiáng huò qìzhù qìkuàiqiáng.
   今天 砌筑 砖墙 或 砌筑 砌块墙。
   Кладка кирпичных или блочных стен производится сегодня.

3. Tā zài bàngōngshì huò zài huìyìshì.
   他 在 办公室 或 在 会议室。
   Он находится в офисе или в зале для заседаний.

第4课 | 砌筑工程

语法点2练习　Упражнение 2 (грамматика)

连词成句。Составьте предложения, используя предоставленные слова.

1. ①砌筑砖墙　②你　③或　④挖土　⑤今天

   _____。

2. ①砖　②砖墙　③我们　④砖基础　⑤砌筑　⑥或　⑦用

   _____。

3. ①砖　②用　③砌块　④墙体　⑤砌筑　⑥或

   _____。

4. ①制作　②或　③条形基础　④你们　⑤独立基础

   _____。

汉字书写　Практика написания китайских иероглифов

yuè
月　月 月 月 月

yòng
用　用 用 用 用 用

yǒu
有　有 有 有 有 有 有

dù
肚　肚 肚 肚 肚 肚 肚

 **职业拓展** Строительство: взгляд изнутри

Управление строительной площадкой

Организация строительного процесса – это ключевой аспект управления стройплощадкой. Помимо обеспечения соответствия всем нормативным актам и законам, эффективное управление стройкой подразумевает рациональное использование её территории, минимизацию негативного воздействия на окружающую среду и создание безопасных и комфортных условий труда. Грамотная координация работ, оптимальное использование ресурсов (персонала, материалов, техники) и профессиональный менеджмент способствуют бесперебойному и цивилизованному ведению строительства.

 **小结** Закрепление материала

词语 Лексика

朗读下列词语。Прочитайте следующие слова.

| 砌筑 | 砌体 | 用 | 砖 | 砌块 |
| 墙体 | 需要 | 材料 | 搅拌机 | 砂浆 |

第4课 砌筑工程

语法 Грамматика

朗读下列句子。Прочитайте следующие предложения.

1. 用砖、砌块和砂浆等材料砌筑墙体。
2. 需要用挖土机挖土。
3. 砌体用砖或砌块等砌筑。
4. 今天砌筑墙体或砌筑砖基础。

课文理解 Работа с текстом

选词填空。Заполните пропуски подходящим по смыслу вариантом.

A. 砌块　B. 砖　C. 砖墙　D. 砌块墙　E. 砂浆搅拌机　F. 砂浆　G. 翻斗车

1. 建筑墙体有（　　）和（　　）。
2. 砌体用（　　）或（　　）等砌筑。
3. 砌筑砌体需要用（　　）和（　　）等施工机械。
4. 砌筑砌体需要用砖、砌块和（　　）等材料。

第5课
Урок 5

Gāngjīn hùnníngtǔ
钢筋混凝土
Железобетонные конструкции

 **复习** Повторение

朗读下列词语。**Прочитайте следующие слова.**

| 砌筑 | 工程 | 砌块 | 砖墙 |
| 砂浆 | 搅拌机 | 需要 | 材料 |

 **热身** Разминка

选择正确的图片。**Выберите правильную картинку.**

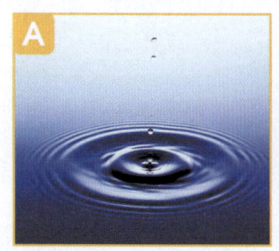

第 5 课 | 钢筋混凝土

❶	^{shízǐ}石子	Щебень, гравий	(　　)
❷	^{shā}沙	Песок	(　　)
❸	^{hùnníngtǔ}混凝土	Бетон	(　　)
❹	^{shuǐ}水	Вода	(　　)

 学习生词 Изучите новые слова 🎧 05-01

1	混凝土	hùnníngtǔ	*сущ.*	Бетон
2	很多	hěn duō	*словосоч.*	Много
3	建造	jiànzào	*гл.*	Строить, возводить
4	组成	zǔchéng	*гл.*	Состоять из, составлять, образовывать
5	光圆钢筋	guāngyuán gāngjīn	*словосоч.*	Круглая арматура гладкого профиля
6	带肋钢筋	dàilèi gāngjīn	*словосоч.*	Рифленая арматура
7	不同	bù tóng	*словосоч.*	Разные, отличные
8	直径	zhíjìng	*сущ.*	Диаметр
9	强度	qiángdù	*сущ.*	Прочность

41

10	沙	shā	*сущ.*	Песок
11	石子	shízǐ	*сущ.*	Щебень, гравий
12	水	shuǐ	*сущ.*	Вода
13	凝结	níngjié	*гл.*	Затвердевать, затвердевание, схватывание
14	人工石	réngōngshí	*сущ.*	Искусственный камень

词汇练习 Упражнения (лексика)

1. 看图认读词语。Посмотрите на рисунки и прочитайте слова.

hùnníngtǔ
混凝土

guāngyuán gāngjīn
光圆 钢筋

dàilèi gāngjīn
带肋 钢筋

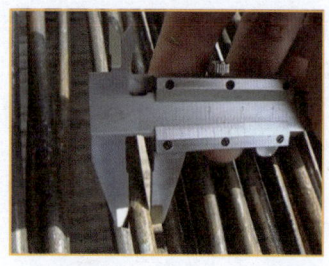

zhíjìng
直径

shízǐ
石子

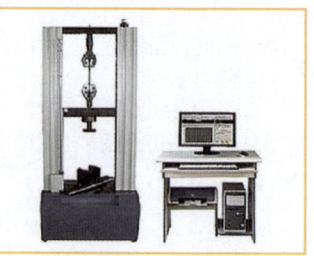

qiángdù (shìyàn)
强度（试验）

第 5 课 | 钢筋混凝土

2. 朗读词语搭配。 Прочитайте коллокации (словосочетания).

	gāngjīn hùnníngtǔ 钢筋 混凝土		hěn duō jiànzhù 很多 建筑
❶ gāngjīn 钢筋	gāngjīn de zhíjìng 钢筋 的 直径	❷ hěn duō 很 多	hěn duō shízǐ 很多 石子
	gāngjīn de qiángdù 钢筋 的 强度		hěn duō shā 很多 沙

学习课文 Изучите текст 🎧 05-02

Gāngjīn hùnníngtǔ
钢筋 混凝土

Hěn duō jiànzhù shì yòng gāngjīn hùnníngtǔ jiànzào de. Gāngjīn hé
很多建筑是用钢筋混凝土建造的。钢筋和
hùnníngtǔ zǔchéng gāngjīn hùnníngtǔ. Gāngjīn yǒu guāngyuán gāngjīn hé
混凝土组成 钢筋混凝土。钢筋有 光圆 钢筋和
dàilèi gāngjīn, gāngjīn yǒu bù tóng de zhíjìng hé qiángdù. Hùnníngtǔ
带肋钢筋，钢筋有不同的直径和强度。混凝土
shì shuǐní、 shā、 shízǐ hé shuǐ níngjié ér chéng de réngōngshí.
是水泥、沙、石子和水凝结而成的人工石。

Железобетон

Много зданий построено из железобетона. Арматура и бетон образуют железобетон. В арматуру входят круглая арматура гладкого профиля и рифленая арматура, у которых разный диаметр и прочность. Бетон представляет собой искусственный камень, затвердевший из цемента, песка, щебня и воды.

课文练习 Работа с текстом

1. 判断对错。Определите, правильно ли утверждение.

    1 很多建筑是混凝土建造的。（　　）

    2 钢筋和水泥组成钢筋混凝土。（　　）

    3 钢筋有带圆钢筋和光肋钢筋。（　　）

    4 混凝土是人工石。（　　）

2. 选择填空。Заполните пропуски подходящим по смыслу вариантом.

    1 （　　）和（　　）组成钢筋混凝土。

    　　A. 直径　　　B. 钢筋　　　C. 砂浆　　　D. 混凝土

    2 钢筋有（　　）钢筋和（　　）钢筋。

    　　A. 人工石　　B. 沙　　　　C. 光圆　　　D. 带肋

3 钢筋有不同的（　　）和（　　）。

A. 建筑　　　B. 材料　　　C. 直径　　　D. 强度

4 混凝土是（　　）、（　　）、（　　）和（　　）凝结而成的人工石。

A. 水泥　　　B. 钢筋　　　C. 强度　　　D. 沙

E. 水　　　　F. 砖　　　　G. 石子

学习语法 Грамматика

语法点 1　Грамматический комментарий 1

……和……组成……

表示部分或个体组合成为整体。
Обозначает единое понятие, образованное объединением отдельных элементов/частей.

1 Gāngjīn hé hùnníngtǔ zǔchéng gāngjīn hùnníngtǔ.
　钢筋 和 混凝土 组成 钢筋混凝土。
　Арматура и бетон образуют железобетон.

2 Shuǐní, shā, shízǐ hé shuǐ zǔchéng hùnníngtǔ.
　水泥、沙、石子 和 水 组成 混凝土。
　Бетон состоит из цемента, песка, щебня и воды.

3 Shā, shuǐní hé shuǐ zǔchéng shājiāng.
　沙、水泥 和 水 组成 砂浆。
　Песок, цемент и вода образуют строительный раствор.

语法点1练习　Упражнение 1 (грамматика)

连词成句。Составьте предложения, используя предоставленные слова.

1 ①钢筋　②组成　③混凝土　④钢筋混凝土　⑤和

_____。

2 ①水　②混凝土　③沙　④水泥　⑤和　⑥组成　⑦石子

_____。

3 ①砂浆　②水泥　③组成　④沙　⑤和　⑥水

_____。

4 ①生产区　②组成　③生活区　④办公区　⑤建筑工地　⑥和

_____。

语法点2　Грамматический комментарий 2

结构助词：的　Структурное вспомогательное слово: 的

"的"用于连接定语与中心语。结构为：定语 + 的 + 中心语。

"的" используется для соединения определения и главного слова. Структура: "Определение + 的 + главное слово".

Gāngjīn yǒu bù tóng de zhíjìng hé qiángdù.
1 钢筋 有 不同 的 直径 和 强度。
　　Арматура имеет разные диаметры и прочность.

Hùnníngtǔ shì shuǐní, shā, shízǐ hé shuǐ níngjié ér chéng de réngōngshí.
2 混凝土 是 水泥、沙、石子 和 水 凝结 而 成 的 人工石。
　　Бетон представляет собой затвердевший искусственный камень из цемента, песка, щебня и воды.

Qǐng dàishang nǐ de ānquánmào.
3 请 戴上 你 的 安全帽。
　　Пожалуйста, наденьте вашу защитную каску.

语法点 2 练习 | Упражнение 2 (грамматика)

选词填空。Заполните пропуски подходящим по смыслу вариантом.

A. 挖土机　　　B. 推土机　　　C. 塔吊　　　D. 砂浆

1. （　　）是生产区的施工机械。
2. （　　）是挖土的施工机械。
3. 工地有砌筑砖墙的（　　　）。
4. （　　）是平整场地的施工机械。

汉字书写 | Практика написания китайских иероглифов

le 了 了
了 了 了 了 了

zǐ 子 子 子
子 子 子 子 子

zǎi 仔 仔 仔 仔 仔
仔 仔 仔 仔 仔

zì 字 字 字 字 字 字
字 字 字 字 字

 **文化拓展** Культурный экскурс

Производство бумаги

В Древнем Китае было четыре великих изобретения: производство бумаги, компас, порох и печать подвижного типа. В период Восточной Хань Цай Лунь обобщил и усовершенствовал технологию производства бумаги своих предшественников. Он использовал такие материалы, как древесная кора, пенька и рыболовные сети, и с помощью таких процессов, как толчение, битье, обжиг и т. д., изготавливал бумагу. С тех пор искусство производства бумаги распространилось из Китая в разные части света. Бумажное производство оказало значительное влияние на распространение науки и культуры по всему миру.

 **小结** Закрепление материала

朗读下列词语。**Прочитайте следующие слова.**

| 很多 | 建造 | 混凝土 | 组成 | 沙 |
| 直径 | 凝结 | 不同 | 强度 | 石子 |

第 5 课 | 钢筋混凝土

语法 Грамматика

朗读下列句子。Прочитайте следующие предложения.

1. 钢筋和混凝土组成钢筋混凝土。
2. 水泥、沙、石子和水组成混凝土。
3. 钢筋有不同的直径和强度。
4. 混凝土是水泥、沙、石子和水凝结而成的人工石。

课文理解 Работа с текстом

选择填空。Заполните пропуски подходящим по смыслу вариантом.

1. （　　）和（　　）组成钢筋混凝土。

    A. 建筑　　　B. 钢筋　　　C. 强度　　　D. 混凝土

2. 钢筋的种类（вид）有（　　）和（　　）。

    A. 光圆钢筋　　B. 带肋钢筋　　C. 强度钢筋

3. 钢筋有不同的（　　）和（　　）。

    A. 直径　　　B. 砖　　　C. 材料　　　D. 强度

4. （　　）、（　　）、（　　）和（　　）组成混凝土。

    A. 水泥　　　B. 水　　　C. 钢筋　　　D. 人工石

    E. 沙　　　　F. 石子

49

第6课
Урок 6

Gāngjiégòu
钢结构
Стальные конструкции

复习 Повторение

朗读下列词语。Прочитайте следующие слова.

| 混凝土 | 光圆钢筋 | 带肋钢筋 | 直径 |
| 强度 | 组成 | 不同 | 建造 |

热身 Разминка

选择正确的图片。Выберите правильную картинку.

A

B

C

D

50

	gāngliáng		
❶	钢梁	Стальная балка	( )
❷	gāngbǎn 钢板	Стальной лист/ стальная плита	( )
❸	hànjiē 焊接	Сварка	( )
❹	luóshuān 螺栓	Болт	( )

学习生词 Изучите новые слова 06-01

1	钢结构	gāngjiégòu	*сущ.*	Стальная конструкция
	钢	gāng	*сущ.*	сталь
	结构	jiégòu	*сущ.*	конструкция, структура
2	工业	gōngyè	*сущ.*	Промышленность
3	临时	línshí	*прил.*	Временный
4	常常	chángcháng	*нареч.*	Часто
5	钢构件	gānggòujiàn	*сущ.*	Стальной элемент (или деталь)
6	板	bǎn	*сущ.*	Лист, плита
7	型钢	xínggāng	*сущ.*	Стальной профиль/ профильная сталь/ профильный прокат

8	梁	liáng	*сущ.*	Балка
9	柱	zhù	*сущ.*	Колонна/столб
10	焊接	hànjiē	*гл.*	Сварка, сваривать
11	铆接	mǎojiē	*гл.*	Клёпка/ клёпаное соединение
12	螺栓	luóshuān	*сущ.*	Болт
13	连接	liánjiē	*гл.*	Соединять

词汇练习 Упражнения (лексика)

1. 看图认读词语。 Посмотрите на рисунки и прочитайте слова.

gāngjiégòu
钢结构

luóshuān liánjiē
螺栓 连接

gōngyè jiànzhù
工业 建筑

línshí jiànzhù
临时 建筑

gānggòujiàn
钢构件

mǎojiē
铆接

2. 给下列词语分类。 Распределите по группам следующие слова.

A. 钢梁 (gāngliáng) B. 钢板 (gāngbǎn) C. 焊接 (hànjiē) D. 螺栓连接 (luóshuān liánjiē)

E. 型钢 (xínggāng) F. 钢柱 (gāngzhù) G. 铆接 (mǎojiē)

制作钢构件的材料：（　　　　　　）

钢构件：（　　　　　　）

钢结构连接方法（метод）：（　　　　　　）

学习课文 Изучите текст 🎧 06-02

钢结构 (Gāngjiégòu)

工业建筑和临时建筑常常是钢结构的。钢结构建筑是用钢构件建造的。钢构件是用钢板和型钢等制作的。钢构件有钢梁和钢柱等。焊接、铆接和螺栓连接钢构件，组成钢结构。

Стальные конструкции

Промышленные и временные здания часто имеют стальной каркас. Здания со стальным каркасом собирают из отдельных стальных элементов. Эти элементы изготавливают из стальных листов, профильного проката и других материалов. Среди таких элементов — балки, колонны и прочие. Для соединения элементов стального каркаса применяют сварку, клёпку и болты.

课文练习 Работа с текстом

1. 选择填空。Заполните пропуски подходящим по смыслу вариантом.

① （　　）和临时建筑（　　）是钢结构的。

　A. 常常　　　B. 钢柱　　　C. 工业建筑　　　D. 钢梁

② 钢结构建筑用（　　）建造。钢构件有（　　）和（　　）等。

　A. 钢梁　　　B. 钢柱　　　C. 钢构件　　　D. 钢板

③ 用钢板和（　　）等（　　）钢构件。

　A. 制作　　　B. 临时　　　C. 型钢　　　D. 连接

④ 焊接、铆接和（　　）连接钢构件，组成钢结构。

　A. 型钢　　　B. 钢构件　　　C. 螺栓　　　D. 结构

2. 判断对错。Определите, верно ли утверждение.

① 工业建筑和临时建筑常常是钢结构的。　　　　　　　　　（　　）

② 钢结构建筑是用钢构件建造的。　　　　　　　　　　　　（　　）

③ 钢构件是用钢板和钢柱制作的。　　　　　　　　　　　　（　　）

④ 焊接、铆接和螺栓连接钢构件，组成钢结构。　　　　　　（　　）

 学习语法 Грамматика

语法点 1　Грамматический комментарий 1

副词：常常　Наречие: 常常

用在动词前，表示高频率。

Обозначает многократное повторение действия, выраженного глаголом.

1. Gōngyè jiànzhù hé línshí jiànzhù chángcháng shì gāngjiégòu de.
工业建筑和临时建筑 常常 是钢结构的。
Промышленные и временные здания часто имеют стальной каркас.

2. Jiànzhù gōngdì chángcháng yǒu wéidǎng.
建筑工地 常常 有围挡。
Вокруг строительной площадки часто есть ограждение.

3. Zhuānqiáng chángcháng yòng zhuān hé shājiāng qìzhù.
砖墙 常常 用砖和砂浆砌筑。
Кирпичные стены возводятся из кирпича с использованием строительного раствора.

语法点 1 练习　Упражнение 1 (грамматика)

为"常常"选择适当的位置。Поместите "常常" в подходящее место в предложении.

1. A 工业建筑 B 是 C 钢结构建造的。　　　　　　　　　　（　　）
2. A 用钢板和型钢 B 制作 C 钢构件。　　　　　　　　　　（　　）
3. A 在生产区 B 有 C 塔吊。　　　　　　　　　　　　　　（　　）
4. A 筏板基础 B 是 C 钢筋混凝土制作的。　　　　　　　（　　）

语法点 2　Грамматический комментарий 2

"是……的"句　Конструкция "是……的"

用于强调说明某件已发生事件的时间、地点、方式等。

Служит для уточнения времени, способа и других обстоятельств события.

1. Gāngjiégòu jiànzhù shì yòng gānggòujiàn jiànzào de.
   钢结构 建筑 是 用 钢构件 建造 的。
   Здания со стальным каркасом строятся из стальных элементов.

2. Línshí jiànzhù chángcháng shì gānggjiégòu de.
   临时 建筑 常常 是 钢结构 的。
   Временные здания часто имеют стальную конструкцию.

3. Gānggòujiàn shì yòng gāngbǎn hé xínggāng děng zhìzuò de.
   钢构件 是 用 钢板 和 型钢 等 制作 的。
   Стальные элементы изготавливают из стальных листов, профилей и других материалов.

语法点 2 练习　Упражнение 2 (грамматика)

连词成句。Составьте предложения, используя предоставленные слова.

1. ①建造　②钢结构　③建筑　④的　⑤钢构件　⑥是

   _____

2. ①是　②墙体　③砌筑的　④砖　⑤砌块　⑥用　⑦或

   _____

3. ①安全帽　②王天　③的　④是　⑤给（дать）
   　　　　　　　　　　　　　　　gěi

   _____

4. ①制作　②是　③钢柱　④钢板　⑤的　⑥用

   _____

 **汉字书写** Практика написания китайских иероглифов

 **职业拓展** Строительство: взгляд изнутри

Управление качеством строительства

Управление качеством строительства направлено на контроль качества инженерных проектов для обеспечения их качества. Оно включает в себя три основных аспекта: проверку качества материалов, строгое соблюдение проектных планов и управление рабочими. В процессе строительства необходимо проводить регулярные проверки качества, чтобы выявлять и оперативно устранять любые проблемы. Каждый рабочий должен добросовестно относиться к выполнению своих задач, участвуя при этом во взаимном контроле. Такой подход позволяет эффективно контролировать и обеспечивать качество всего проекта.

小结 Закрепление материала

词语 Лексика

朗读下列词语。Прочитайте следующие слова.

| 临时 | 构件 | 钢梁 | 钢柱 | 工业 |
| 钢板 | 型钢 | 焊接 | 铆接 | 螺栓 |

语法 Грамматика

朗读下列句子。Прочитайте следующие предложения.

1 工业建筑和临时建筑常常是钢结构的。

2 筏板基础常常是用钢筋混凝土制作的。

3 钢构件是用钢板和型钢等制作的。

4 钢结构建筑是用钢构件建造的。

课文理解 Работа с текстом

连词成句。Составьте предложения, используя предоставленные слова.

1. ①用 ②钢结构建筑 ③建造的 ④钢构件 ⑤是

   _____。

2. ①钢结构 ②工业建筑 ③是 ④常常 ⑤的

   _____。

3. ①等 ②型钢 ③钢构件 ④制作的 ⑤钢板 ⑥和 ⑦是 ⑧用

   _____。

4. ①钢构件 ②钢结构 ③焊接 ④组成 ⑤铆接 ⑥螺栓 ⑦和 ⑧连接

   _____。

第7课 / Урок 7

防水工程
Fángshuǐ gōngchéng
Гидроизоляционные работы

 **复习** Повторение

朗读下列词语。**Прочитайте следующие слова.**

钢结构	工业建筑	临时建筑	构件
常常	焊接	螺栓	铆接

 **热身** Разминка

选择正确的图片。**Выберите правильную картинку.**

第7课 | 防水工程

① 屋面 (wūmiàn) — Кровля ( )
② 地下室 (dìxiàshì) — Подвал ( )
③ 卷材 (juǎncái) — Рулонный материал /гидроизоляционная мембрана ( )
④ 滚刷 (gǔnshuā) — Малярный валик ( )

学习生词 Изучите новые слова 🎧 07-01

№	生词	Пиньинь	Часть речи	Перевод
1	防水	fángshuǐ	гл.	Гидроизоляция /водонепроницаемый
2	屋面	wūmiàn	сущ.	Кровля
3	地下室	dìxiàshì	сущ.	Подвал
4	卫生间	wèishēngjiān	сущ.	Санузел
5	都	dōu	нареч.	Все, как..., так и...
6	卷材	juǎncái	сущ.	Рулонный материал / гидроизоляционная мембрана
7	涂膜	túmó	сущ.	Наносить, намазывать, обмазывать
8	就	jiù	нареч.	Именно, точно, как раз
9	粘贴	zhāntiē	гл.	Наклеивать, клеить
10	黏结剂	niánjiéjì	сущ.	Связующее вещество/ клей
11	涂刷	túshuā	гл.	Наносить краску
12	涂料	túliào	сущ.	Краска, покрытие, жидкая гидроизоляция
13	滚刷	gǔnshuā	сущ.	Малярный валик

📖 **词汇练习** Упражнения (лексика)

1. 看图认读词语。Посмотрите на рисунки и прочитайте слова.

wūmiàn
屋面

wèishēngjiān
卫生间

juǎncái
卷材

zhāntiē
粘贴

túliào
涂料

túshuā
涂刷

2. 给下列词语分类。Распределите по группам следующие слова.

A. juǎncái fángshuǐ 卷材 防水　　B. niánjiéjì 黏结剂　　C. wèishēngjiān 卫生间　　D. dìxiàshì 地下室　　E. juǎncái 卷材

F. wūmiàn 屋面　　G. túliào 涂料　　H. túmó fángshuǐ 涂膜 防水　　I. gǔnshuā 滚刷

防水方法（способ, метод）：（　　　　）

防水建筑：（　　　　）

防水材料和工具（инструмент）：（　　　　）

# 学习课文 Изучите текст 🎧 07-02

防水 工程
Fángshuǐ gōngchéng

屋面、地下室和卫生间都要做防水。防水有卷材防水和涂膜防水。卷材防水就是粘贴卷材，要用卷材和黏结剂。涂膜防水就是涂刷涂料，要用涂料和滚刷。卷材和涂料都是防水材料。

Гидроизоляционные работы

Кровля, подвал и санузел нуждаются в гидроизоляции. Существует два основных вида гидроизоляции: оклеечная и обмазочная. Оклеечная гидроизоляция предполагает использование гидроизоляционных мембран или рулонных материалов, которые наклеиваются на поверхность с помощью специальных клеящих составов. Обмазочная гидроизоляция представляет собой нанесение жидкой гидроизоляции, например, битумной мастики или полимерного покрытия, с помощью инструментов, таких как кисть или валик. Как рулонные материалы, так и жидкие составы для обмазочной гидроизоляции являются гидроизоляционными материалами.

课文练习　Работа с текстом

1. 判断对错。Определите, правильно ли утверждение.

① 屋面、地下室和宿舍都要做防水。　　　　　　　　　　（　　）

② 卷材防水就是涂刷涂料。　　　　　　　　　　　　　　（　　）

③ 涂膜防水要用卷材和黏结剂。　　　　　　　　　　　　（　　）

④ 卷材和涂料都是防水材料。　　　　　　　　　　　　　（　　）

2. 选择填空。Заполните пропуски подходящим по смыслу вариантом.

① （　　）、（　　）和（　　）都要做防水。

　A. 屋面　　　　B. 办公室　　　C. 地下室　　　D. 卫生间

② 防水有（　　）防水和（　　）防水。

　A. 砌筑　　　　B. 卷材　　　　C. 涂膜　　　　D. 焊接

③ 卷材防水是（　　）卷材。

　A. 粘贴　　　　B. 涂刷　　　　C. 铆接

④ 涂膜防水是（　　）涂料。

　A. 粘贴　　　　B. 涂刷　　　　C. 铆接

第7课 | 防水工程

学习语法 Грамматика

 语法点1 Грамматический комментарий 1

副词：都 Наречие: 都

表示总括。除疑问句外，所总括的成分放在"都"前。

Выражает обобщение. Обобщаемые элементы в предложениях (за исключением вопросительных) всегда стоят перед "都".

1. Juǎncái hé túliào dōu shì fángshuǐ cáiliào.
   卷材 和 涂料 都 是 防水 材料。
   И рулонные материалы, и краска относятся к гидроизоляционным материалам.

2. Jiànzhù gōngdì dōu yào yǒu wéidǎng.
   建筑 工地 都 要 有 围挡。
   Все строительные площадки должны быть огорожены.

3. Gāngliáng hé gāngzhù dōu shì gānggòujiàn.
   钢梁 和 钢柱 都 是 钢构件。
   Стальные балки и колонны относятся к стальным элементам конструкции.

语法点1练习 Упражнение 1 (грамматика)

连词成句。Составьте предложения, используя предоставленные слова.

1. ①施工机械　②砂浆搅拌机和翻斗车　③是　④都

   _____

2. ①都　②屋面、地下室和卫生间　③做防水　④要

   _____

3. ①是　②都　③基础　④独立基础、条形基础和筏板基础

   _____

65

4 ①在　②都　③办公区　④办公室和会议室

语法点 2　Грамматический комментарий 2

> 副词：就　Наречие: 就
>
> 强调事实正是这样。常用结构为：A 就是 B。
>
> Констатация факта, усиление утверждения. Часто используемая конструкция: A 就是 B.

1. Juǎncái fángshuǐ jiù shì zhāntiē juǎncái.
   卷材 防水 就 是 粘贴 卷材。
   Оклеечная гидроизоляция производится именно путем наклеивания рулонного материала.

2. Túmó fángshuǐ jiù shì túshuā túliào.
   涂膜 防水 就 是 涂刷 涂料。
   Обмазочная гидроизоляция заключается именно в нанесении гидроизоляционного состава.

3. Hùnníngtǔ jiù shì shuǐní, shā, shízǐ hé shuǐ níngjié ér chéng de réngōngshí.
   混凝土 就 是 水泥、沙、石子和水凝结 而 成 的 人工石。
   Бетон – это искусственный камень, получаемый в результате затвердевания смеси цемента, песка, щебня и воды.

语法点 2 练习　Упражнение 2 (грамматика)

为"就"选择适当的位置。Поместите "就" в подходящее место в предложении.

1. A 卷材防水 B 是 C 粘贴卷材。　　　　　　　　　　　　（　　）

2. 涂膜防水 A 是 B 用 C 滚刷涂刷涂料。　　　　　　　　　（　　）

3. A 卷材 B 是 C 防水材料。　　　　　　　　　　　　　　（　　）

4. 做防水 A 是给 B 屋面、地下室和卫生间粘贴 C 卷材或涂刷　（　　）
   涂料。

 **汉字书写** Практика написания китайских иероглифов

 **文化拓展** Культурный экскурс

Порох

Порох — одно из четырёх великих изобретений Древнего Китая. Это горючая смесь, состоящая из трёх простых компонентов: селитры, древесного угля и серы. *При горении порох выделяет пламя и газы.* Это изобретение произвело настоящую революцию в военном деле и оказало огромное влияние на развитие общества. Сегодня порох широко применяется в военной промышленности, пиротехнике (фейерверках) и для создания средств пожаротушения. Появление пороха дало человечеству новый источник энергии, навсегда изменив образ жизни и способы ведения войн.

小结 Закрепление материала

词语 Лексика

朗读下列词语。Прочитайте следующие слова.

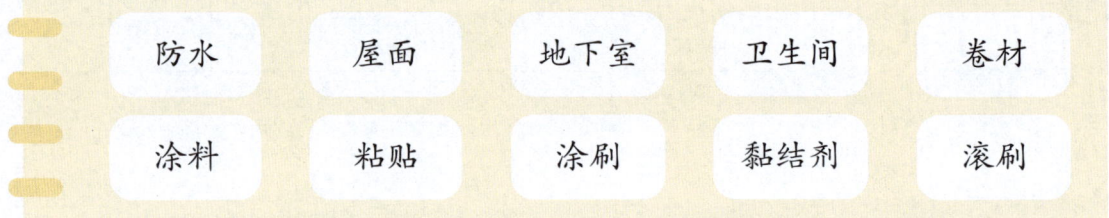

语法 Грамматика

朗读下列句子。Прочитайте следующие предложения.

1. 卷材和涂料都是防水材料。
2. 屋面、地下室和卫生间都要做防水。
3. 卷材防水就是粘贴卷材。
4. 涂膜防水就是涂刷涂料。

第 7 课 | 防水工程

课文理解 Работа с текстом

选词填空。Заполните пропуски подходящим по смыслу вариантом.

> A. 黏结剂　　B. 涂料　　C. 卫生间　　D. 卷材防水　　E. 滚刷
> F. 地下室　　G. 屋面　　H. 卷材　　I. 涂膜防水

1. （　　）、（　　）和（　　）都要做防水。
2. 防水有（　　）和（　　）。
3. 卷材防水要用（　　）和（　　）。
4. 涂膜防水要用（　　）和（　　）。

第8课
Урок 8

Zhuāngshì shīgōng
装饰施工
Отделочные работы

 **复习** Повторение

朗读下列词语。Прочитайте следующие слова.

| 防水 | 地下室 | 卫生间 | 屋面 |
| 卷材 | 涂膜 | 黏结剂 | 滚刷 |

 **热身** Разминка

选择正确的图片。Выберите правильную картинку.

① ^{mén} 门 — Дверь ( )

② ^{wàiqiáng} 外墙 — Наружная стена ( )

③ ^{qiángmiànzhuān} 墙面砖 — Облицовочная плитка, стеновая плитка, кафель ( )

④ ^{chuāng} 窗 — Окно ( )

学习生词 Изучите новые слова 🎧 08-01

1	装饰	zhuāngshì	*сущ.*	Отделка, декор
2	地面	dìmiàn	*сущ.*	Поверхность земли, напольное покрытие
3	上	shang	*сущ.*	Верх, на
4	铺	pū	*гл.*	Укладывать, стелить, мостить
5	地板	dìbǎn	*сущ.*	Пол
6	墙面	qiángmiàn	*сущ.*	Стена
7	吊顶	diàodǐng	*сущ.*	Подвесной потолок
8	屋顶	wūdǐng	*сущ.*	Крыша, кровля
9	内部	nèibù	*сущ.*	Внутренняя часть

10	幕墙	mùqiáng	сущ.	Навесной фасад, вентилируемый фасад
11	外墙	wàiqiáng	сущ.	Наружная стена
12	门	mén	сущ.	Дверь
13	窗	chuāng	сущ.	Окно
14	安装	ānzhuāng	гл.	Устанавливать, производить монтировать
15	也	yě	нареч.	Также

词汇练习 Упражнения (лексика)

1. 看图认读词语。Посмотрите на рисунки и прочитайте слова.

zhuāngshì
装饰

dìmiàn
地面

pū
铺

wūdǐng
屋顶

mùqiáng
幕墙

diàodǐng
吊顶

2. 朗读词语搭配。 Прочитайте коллокации (словосочетания).

❶ zhuāngshì 装饰	dìmiàn zhuāngshì 地面 装饰	❷ ānzhuāng 安装	ānzhuāng mén chuāng 安装 门 窗
	qiángmiàn zhuāngshì 墙面 装饰		
	nèibù zhuāngshì 内部 装饰		ānzhuāng diàodǐng 安装 吊顶
	wàiqiáng zhuāngshì 外墙 装饰		

 学习课文 Изучите текст 🎧 08-02

Zhuāngshì shīgōng
装饰 施工

Zài dìmiàn shang pū dìbǎn shì dìmiàn zhuāngshì. Zài qiángmiàn
在 地面 上 铺 地板 是 地面 装饰。在 墙面

shang zhāntiē qiángmiànzhuān huò túshuā túliào shì qiángmiàn zhuāngshì.
上 粘贴 墙面砖 或 涂刷 涂料 是 墙面 装饰。

Diàodǐng shì wūdǐng de nèibù zhuāngshì. Mùqiáng shì jiànzhù de wàiqiáng
吊顶 是 屋顶 的 内部 装饰。幕墙 是 建筑 的 外墙

zhuāngshì. Mén chuāng de zhìzuò hé ānzhuāng yě shì zhuāngshì shīgōng.
装饰。门 窗 的 制作 和 安装 也 是 装饰 施工。

Отделочные работы

Отделка пола — укладка напольного покрытия. Отделка стен — облицовка плиткой или покраска. Подвесной потолок — это внутренняя отделка кровли (или потолка). Навесной фасад — это отделка внешних стен здания. Изготовление и монтаж дверей и окон также относятся к отдслочным работам.

课文练习 Работа с текстом

1. 判断对错。 Определите, правильно ли утверждение.

① 在墙面上粘贴墙面砖是地面装饰。 （　　）

② 吊顶是屋顶的墙面装饰。 （　　）

③ 幕墙是建筑的外墙装饰。 （　　）

④ 门窗的安装是装饰施工。 （　　）

2. 选择填空。 Заполните пропуски подходящим по смыслу вариантом.

① 在地面上铺（　　）是地面装饰。

    A. 卷材　　　　B. 地板　　　　C. 混凝土　　　　D. 墙面砖

② 墙面装饰是在墙面上（　　）墙面砖或（　　）涂料。

    A. 砌筑　　　　B. 粘贴　　　　C. 建造　　　　D. 涂刷

③ （　　）和（　　）的安装也是装饰施工。

    A. 门　　　　　B. 脚手架　　　C. 塔吊　　　　D. 窗

④ （　　）是建筑的外墙装饰。

    A. 地面　　　　B. 墙面　　　　C. 屋面　　　　D. 幕墙

 学习语法 Грамматика

 语法点 1 Грамматический комментарий 1

方位名词：上　Существительное места: 上

"上"用在名词后，表示物体上方或表面。

"上" в положении после существительного указывает на положение над объектом или на его поверхности.

1. Zài dìmiàn shang pū dìbǎn shì dìmiàn zhuāngshì.
   在地面上铺地板是地面装饰。
   Укладка пола – это отделка пола.

2. Zài qiángmiàn shang zhāntiē qiángmiànzhuān shì qiángmiàn zhuāngshì.
   在墙面上粘贴墙面砖是墙面装饰。
   Облицовка стен плиткой – это отделка стен.

3. Túmó fángshuǐ shì zài dìmiàn shang huò qiángmiàn shang túshuā túliào.
   涂膜防水是在地面上或墙面上涂刷涂料。
   Обмазочная гидроизоляция – это нанесение покрытия на пол или стены.

语法点 1 练习 Упражнение 1 (грамматика)

连词成句。Составьте предложения, используя предоставленные слова.

1. ①上　②涂刷　③屋面　④防水涂料　⑤在

_____

2. ①墙面砖　②上　③在　④粘贴　⑤墙面

_____

3 ①施工机械 ②有 ③很多 ④建筑工地 ⑤上

_____。

4 ①有 ②砌块 ③和 ④上 ⑤砖 ⑥脚手架

_____。

语法点 2　Грамматический комментарий 2

副词：也　Наречие: 也

用在动词前，表示同样或两事并列。

Используется перед глаголом указывает на параллельное действие или сочинительную связь между объектами.

1 Mén chuāng de zhìzuò hé ānzhuāng yě shì zhuāngshì shīgōng.
门窗的制作和安装也是装饰施工。
Изготовление и монтаж дверей и окон также относятся к отделочным работам.

2 Zài gōngdì yào dài ānquánmào, yě yào chuān gōngzuòfú.
在工地要戴安全帽，也要穿工作服。
На стройплощадке нужно носить каску и спецодежду.

3 Gōngdì yǒu shēngchǎnqū, yě yǒu bàngōngqū.
工地有生产区，也有办公区。
На стройплощадке есть производственная и офисная зоны.

语法点 2 练习　Упражнение 2 (грамматика)

为"也"选择适当的位置。Поместите "也" в подходящее место в предложении.

1 他 A 会铺砖，B 会 C 铺地板。　　　　　　　　　　　（　　）

2 钢筋有 A 光圆钢筋，B 有 C 带肋钢筋。　　　　　　　（　　）

3 A 进入工地，B 要戴安全帽，C 要穿工作服。　　　　（　　）

4 建筑工地 A 有生产区和 B 办公区，C 有生活区。　　（　　）

 **汉字书写** Практика написания китайских иероглифов

 **职业拓展** Строительство: взгляд изнутри

Управление стоимостью строительства

Управление стоимостью строительства — это контроль и управление расходами на протяжении всего строительного проекта для повышения эффективности инвестиций. Для достижения этой цели необходимо составление бюджета, разработка планов контроля затрат, сбор и мониторинг данных, управление изменениями и рисками, а также анализ затрат. Эти меры позволяют эффективно контролировать расходы и обеспечивают своевременное завершение проекта в рамках бюджета.

 **小结** Закрепление материала

词语 Лексика

朗读下列词语。Прочитайте следующие слова.

| 装饰 | 地面 | 墙面 | 铺 | 幕墙 |
| 地板 | 也 | 吊顶 | 安装 | 门窗 |

语法 Грамматика

朗读下列句子。Прочитайте следующие предложения.

1. 在地面上铺地板是地面装饰。
2. 在墙面上粘贴墙面砖或涂刷涂料是墙面装饰。
3. 建筑工地有生产区，也有办公区。
4. 门窗的制作和安装也是装饰施工。

课文理解 Работа с текстом

选词填空。Заполните пропуски подходящим по смыслу вариантом.

A. 墙面砖　B. 涂料　C. 墙面　D. 地板　E. 幕墙　F. 门窗　G. 安装　H. 地面

1. 地面装饰是在（　　）上铺（　　）。
2. 墙面装饰是在（　　）上粘贴（　　）或涂刷（　　）。
3. （　　）的制作和（　　）也是装饰施工。
4. （　　）是建筑的外墙装饰。

第9课 / Урок 9

Kāiwā jīkēng
开挖基坑
Разработка котлована

复习 Повторение

朗读下列词语。Прочитайте следующие слова.

| 装饰 | 地板 | 墙面 | 幕墙 |
| 内部 | 吊顶 | 安装 | 门窗 |

热身 Разминка

选择正确的图片。Выберите правильную картинку.

A

B

C

D

① 基坑 jīkēng　Котлован　（　）

② 边坡 biānpō　Откос　（　）

③ 清理 qīnglǐ　Очистка　（　）

④ 土 tǔ　Грунт　（　）

 **学习生词** Изучите новые слова 🎧 09-01

1	开挖	kāiwā	гл.	Разрабатывать, вскапывать
2	基坑	jīkēng	сущ.	Котлован
3	前	qián	сущ.	До
4	设置	shèzhì	гл.	Установка (или размещение)
5	测量	cèliáng	гл.	Измерить
6	范围	fànwéi	сущ.	Объем, диапазон
7	深度	shēndù	сущ.	Глубина
8	把	bǎ	предл.	Глагол-предлог (дополнение)

9	装入	zhuāngrù	гл.	Погрузить в
10	运走	yùnzǒu	словосоч.	Вывезти
11	支护	zhīhù	словосоч.	Крепление
12	边坡	biānpō	сущ.	Откос
13	最后	zuìhòu	нар.	Наконец, в конце
14	清理	qīnglǐ	гл.	Очищать, убирать

词汇练习　Упражнения (лексика)

1. 看图认读词语。 Посмотрите на рисунки и прочитайте слова.

kāiwā
开挖

jīkēng
基坑

cèliáng
测量

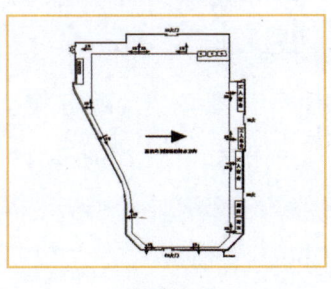
fànwéi
范围

shēndù
深度

zhīhù
支护

2. 朗读词语搭配。Прочитайте коллокации (словосочетания).

①	cèliáng 测量	cèliáng jīkēng de fànwéi 测量 基坑 的 范围	②	jīkēng 基坑	kāiwā jīkēng 开挖 基坑
		cèliáng jīkēng de shēndù 测量 基坑 的 深度			qīnglǐ jīkēng 清理 基坑
③	zhuāngrù 装入	zhuāngrù yùntǔchē 装入 运土车	④	biānpō 边坡	zhīhù biānpō 支护 边坡

学习课文 Изучите текст 🎧 09-02

Kāiwā jīkēng
开挖 基坑

Kāiwā jīkēng qián, yào shèzhì wéidǎng. Cèliáng jīkēng
开挖 基坑 前，要 设置 围挡。测量 基坑
kāiwā de fànwéi hé shēndù. Yòng wātǔjī wā tǔ, bǎ tǔ
开挖 的 范围 和 深度。用 挖土机 挖 土，把 土
zhuāngrù yùntǔchē, yòng yùntǔchē bǎ tǔ yùnzǒu. Zhīhù jīkēng
装入 运土车，用 运土车 把 土 运走。支护 基坑
biānpō, zuìhòu qīnglǐ jīkēng.
边坡，最后 清理 基坑。

第 9 课 | 开挖基坑

Разработка котлована

Перед началом работ по рытью котлована необходимо установить ограждение и определить объем и глубину выемки. Затем экскаватор выкапывает грунт и загружает его в самосвал, который вывозит его за пределы стройплощадки. После этого укрепляются откосы котлована, и, наконец, котлован очищается.

课文练习 Работа с текстом

1. 选择填空。 Заполните пропуски подходящим по смыслу вариантом.

① （　　）前，要设置围挡。
　A. 清理基坑　　B. 开挖基坑　　C. 支护边坡　　D. 测量基坑

② （　　）基坑开挖的（　　）和深度。
　A. 范围　　B. 挖土机　　C. 测量　　D. 支护

③ 用挖土机（　　），把土（　　）运土车。
　A. 装入　　B. 运走　　C. 测量　　D. 挖土

④ 最后（　　）基坑。
　A. 开挖　　B. 清理　　C. 运走　　D. 制作

2. 根据课文排列顺序。 Восстановите порядок выражении в соответствии с текстом.

① A. 开挖基坑　B. 设置围挡　　　　　　　　　　　　（　　）

② A. 把土运走　B. 测量开挖范围和深度　C. 用挖土机挖土（　　）

③ A. 清理基坑　B. 支护基坑边坡　　　　　　　　　　（　　）

④ A. 设置围挡　B. 把土装入运土车　C. 把土运走　　　（　　）

学习语法 Грамматика

语法点 1 Грамматический комментарий 1

动词性短语 + 前　Глагольное словосочетание + 前

表示"早于某时间",在句中做状语。
Конструкция "глагольное словосочетание + 前" выражает предшествующее действие и выполняет функцию обстоятельства.

1. Jìnrù gōngdì qián, yào dài ānquánmào.
   进入工地前,要戴安全帽。
   Перед входом на стройплощадку вам нужно надеть защитную каску.

2. Wā tǔ qián, yào cèliáng kāiwā de fànwéi hé shēndù.
   挖土前,要测量开挖的范围和深度。
   Перед разработкой грунта нужно измерить объем и глубину разработки.

3. Kāiwā jīkēng qián, yào shèzhì wéidǎng.
   开挖基坑前,要设置围挡。
   Перед разработкой котлована нужно установить ограждение.

语法点 1 练习 Упражнение 1 (грамматика)

为"前"选择适当的位置。Поместите "前" в подходящее место в предложении.

1. A 清理基坑 B,C 支护基坑边坡。　　　　　　　　　　(　　)

2. A 开挖基坑 B,C 要设置围挡。　　　　　　　　　　(　　)

3. 挖土 A,B 测量 C 开挖范围和深度。　　　　　　　　(　　)

4. A 进入建筑工地 B,要 C 戴安全帽。　　　　　　　　(　　)

第9课 | 开挖基坑

语法点 2　Грамматический комментарий 2

"把"字句　Предложение с "把"

表示通过动作行为使人或事物的位置或状态发生改变。基本结构为：主语 + 把 + 宾语 + 动词性短语。

Конструкция с "把" используется для выражения действия, которое описывает изменение положения или состояния объекта. Схема предложения: Подлежащее + 把 + дополнение + глагол + обстоятельство/дополнение.

1. Wātǔjī bǎ tǔ zhuāngrù yùntǔchē.
   挖土机 把 土 装入 运土车。Экскаватор загружает грунт в самосвал.

2. Yùntǔchē bǎ tǔ yùnzǒu.
   运土车 把 土 运走。Самосвал вывозит грунт.

3. Bǎ qiángmiànzhuān zhāntiē zài qiángmiàn shang.
   把 墙面砖 粘贴 在 墙面 上。[Рабочий] укладывает плитку на стену.

语法点 2 练习　Упражнение 2 (грамматика)

连词成句。Составьте предложения, используя предоставленные слова.

1. ①铺　②在　③把　④地板　⑤地面上

   _____。

2. ①屋面上　②在　③粘贴　④防水卷材　⑤把

   _____。

3. ①钢构件　②把　③连接起来　④用　⑤螺栓

   _____。

4. ①戴上　②把　③安全帽　④请

   _____。

 **汉字书写** Практика написания китайских иероглифов

 **文化拓展** Культурный экскурс

Великая Китайская стена

Управление строительным оборудованием включает в себя комплекс мер по обеспечению эффективной эксплуатации строительной техники. Важно регулярно проводить осмотр оборудования, чтобы гарантировать его исправность и готовность к работе.
Строгое соблюдение правил эксплуатации необходимо для предотвращения использования техники неквалифицированным персоналом. Своевременное техническое обслуживание и оперативный ремонт при обнаружении

неисправностей – ключевые факторы. Также важно обеспечить надлежащее хранение оборудования после завершения работ. Эффективное управление строительным оборудованием способствует повышению производительности, обеспечивает своевременное выполнение работ и высокое качество строительства.

小结 Закрепление материала

词语 Лексика

朗读下列词语。Прочитайте следующие слова.

| 开挖 | 基坑 | 范围 | 深度 | 测量 |
| 支护 | 边坡 | 装入 | 土 | 清理 |

语法 Грамматика

朗读下列句子。Прочитайте следующие предложения.

1. 挖土前，要测量挖土的范围和深度。
2. 开挖基坑前，要设置围挡。
3. 把土装入运土车。
4. 把墙面砖粘贴在墙面上。

课文理解 Работа с текстом

利用提示词复述课文句子。Используя предоставленные ниже слова, восстановите предложения из текста.

1. 开挖基坑前，(　　　　　　)。
2. 测量 (　　　　　　)。
3. 支护 (　　　　　　)。
4. 最后 (　　　　　　)。

第10课 / Урок 10

Zuò dúlì jīchǔ
做独立基础
Возведение ленточного фундамента

 **复习** Повторение

朗读下列词语。**Прочитайте следующие слова.**

| 开挖 | 设置 | 深度 | 测量 |
| 范围 | 边坡 | 运走 | 支护 |

 **热身** Разминка

选择正确的图片。**Выберите правильную картинку.**

A

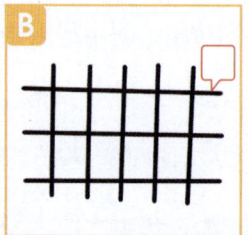
B

C

D

第 10 课 | 做独立基础

① diàncéng
垫层   Подушка   ( )

② jiāozhù
浇筑   Заливка   ( )

③ múbǎn
模板   Опалубка   ( )

④ héngxiàng（gāngjīn）
横向（钢筋）   Поперечная (арматура)   ( )

学习生词 Изучите новые слова 🎧 10-01

1	先	xiān	*нареч.*	Сначала
2	地基	dìjī	*сущ.*	Основание, фундамент
3	浇筑	jiāozhù	*гл.*	Заливать
4	垫层	diàncéng	*сущ.*	Подушка
5	硬化	yìnghuà	*гл.*	Затвердевание, укреплять
6	后	hòu	*сущ.*	После
7	绑扎	bǎngzā	*гл.*	Вязка
8	纵向	zòngxiàng	*прил.*	Продольный
9	横向	héngxiàng	*прил.*	Поперечный

10	拼装	pīnzhuāng	гл.	Собирать, монтировать
11	模板	múbǎn	сущ.	Опалубка
12	从	cóng	предл.	Из
13	下	xià	сущ.	Под
14	到	dào	гл.	До, прибывать
15	上	shàng	сущ.	Вверх
16	拆除	chāichú	гл.	Демонтировать

词汇练习 Упражнения (лексика)

1. 看图选词。Посмотрите на картинки и выберите слова.

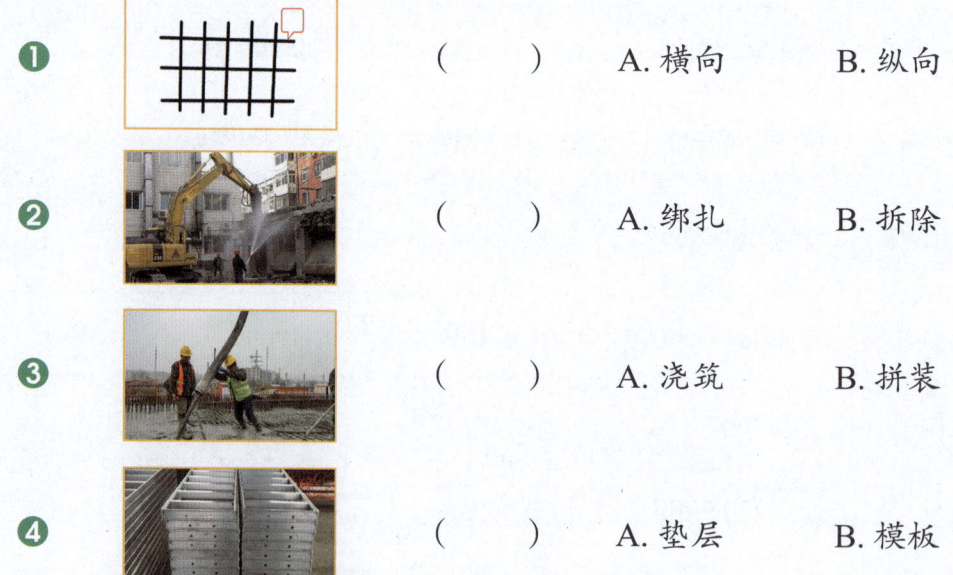

❶ (　) A. 横向　　B. 纵向

❷ (　) A. 绑扎　　B. 拆除

❸ (　) A. 浇筑　　B. 拼装

❹ (　) A. 垫层　　B. 模板

2. 朗读词语搭配。 Прочитайте коллокации (словосочетания).

❶ gāngjīn 钢筋	zòngxiàng gāngjīn 纵向 钢筋	❷ múbǎn 模板	zhìzuò múbǎn 制作 模板
	héngxiàng gāngjīn 横向 钢筋		pīnzhuāng múbǎn 拼装 模板
	bǎngzā gāngjīn 绑扎 钢筋		ānzhuāng múbǎn 安装 模板
	dàilèi gāngjīn 带肋 钢筋		chāichú múbǎn 拆除 模板

学习课文 Изучите текст 🎧 10-02

做 独立 基础
Zuò dúlì jīchǔ

Xiān zài dìjī shang jiāozhù hùnníngtǔ diàncéng. Diàncéng yìnghuà
先在地基上浇筑混凝土垫层。垫层硬化

hòu, zài diàncéng shang bǎngzā zòngxiàng gāngjīn hé héngxiàng gāngjīn.
后，在垫层上绑扎纵向钢筋和横向钢筋。

Zhìzuò hé pīnzhuāng múbǎn. Cóng xià dào shàng ānzhuāng múbǎn,
制作和拼装模板。从下到上安装模板，

jiāozhù jīchǔ hùnníngtǔ. Hùnníngtǔ yǒu qiángdù hòu, chāichú jīchǔ
浇筑基础混凝土。混凝土有强度后，拆除基础

múbǎn.
模板。

Производство отдельного фундамента

Сначала подготавливают основание под фундамент. Затем на это основание заливают бетонную подушку. После того, как бетонная подушка затвердеет, на ней крепят продольную и поперечную арматуру. Далее собирают и устанавливают опалубку для фундамента. Опалубку монтируют послойно, снизу вверх, и заливают фундамент бетоном. После набора бетоном необходимой прочности, опалубку снимают.

课文练习　Работа с текстом

1. 选择填空。Заполните пропуски подходящим по смыслу вариантом.

① 做（　　）基础，先在地基上浇筑混凝土（　　）。

　A. 垫层　　　B. 模板　　　C. 独立　　　D. 基础

② 垫层（　　）后，在垫层上（　　）纵向钢筋和横向钢筋。

　A. 拼装　　　B. 绑扎　　　C. 钢板　　　D. 硬化

③ 制作和（　　）模板。从下到上（　　）模板，（　　）基础混凝土。

　A. 浇筑　　　B. 硬化　　　C. 拼装　　　D. 安装

④ （　　）有强度后，（　　）基础模板。

　A. 拆除　　　B. 钢筋　　　C. 螺栓　　　D. 混凝土

2. 根据课文，排列做"独立基础"的施工顺序。Согласно тексту, расположите в правильном порядке этапы строительства "отдельного фундамента".

①拆除基础模板　　②制作和拼装模板　　③浇筑混凝土垫层

④从下到上安装模板　　⑤浇筑基础混凝土　　⑥绑扎纵向钢筋和横向钢筋

第10课 | 做独立基础

 学习语法 Грамматика

 语法点 1 Грамматический комментарий 1

动词性短语 + 后　Глагольное словосочетание + 后

表示"晚于某时间"，在句中做状语。

Означает "после какого-то промежутка времени", в предложении выступает в роли обстоятельства.

1. Kāiwā jīkēng hòu, zhìzuò fábǎn jīchǔ.
开挖基坑后，制作筏板基础。
После разработки котлована изготавливается плитный фундамент.

2. Diàncéng yìnghuà hòu, zài diàncéng shang bǎngzā zòngxiàng gāngjīn hé héngxiàng gāngjīn.
垫层硬化后，在垫层上绑扎纵向钢筋和横向钢筋。
После затвердевания бетонной подушки выполняем вязку продольной и поперечной арматуры.

3. Hùnníngtǔ yǒu qiángdù hòu, chāichú jīchǔ múbǎn.
混凝土有强度后，拆除基础模板。
После набора бетоном прочности производится демонтаж опалубки фундамента.

 语法点 1 练习 Упражнение 1 (грамматика)

选词填空。Заполните пропуски подходящим по смыслу вариантом.

A. 先　　B. 前　　C. 后

1. 垫层硬化（　　），在垫层上绑扎纵向钢筋和横向钢筋。

2. 混凝土有强度（　　），拆除基础模板。

3. 在开挖基坑（　　），先设置围挡。

4. （　　）戴上安全帽，然后进入建筑工地。

语法点 2　Грамматический комментарий 2

介词：从　Предлог: 从

用于引出动作行为的起点，常用结构为"从 + 名词 + 动词性词语"。

Указывает на начало действия. Схема конструкции: "从 + существительное + глагольное выражение".

1. Cóng xià dào shàng ānzhuāng múbǎn.
   从下到上安装模板。Установить опалубки снизу вверх.

2. Cóng dì-yī kè kāishǐ dú kèwén.
   从第一课开始读课文。Прочитайте текст начиная с первого урока.

3. Yùntǔchē bǎ tǔ cóng jīkēng yùnzǒu.
   运土车把土从基坑运走。
   Самосвал осуществляет вывоз грунта из котлована.

语法点 2 练习　Упражнение 2 (грамматика)

连词成句。Составьте предложения, используя предоставленные слова.

1. ①建筑工地　②从　③钢筋　④运走

   _____。

2. ①挖土机　②装入　③基坑　④把土　⑤运土车　⑥从

   _____。

3. ①到　②从　③安装　④上　⑤模板　⑥下

   _____。

4. ①第10课　②开始（начать）　③从　④课文　⑤读　⑥我们

   _____。

第 10 课 | 做独立基础

 **汉字书写** Практика написания китайских иероглифов

 **职业拓展** Строительство: взгляд изнутри

Управление строительным оборудованием

Управление строительным оборудованием относится к управлению строительной техникой. Важно регулярно осматривать оборудование, чтобы убедиться в его хорошем состоянии и готовности к эксплуатации. Строгое соблюдение правил при эксплуатации необходимо для предотвращения несанкционированного использования неквалифицированным персоналом.

95

Своевременное техническое обслуживание и оперативный ремонт при обнаружении неисправностей – ключевые факторы. Также важно обеспечить надлежащее хранение оборудования после завершения работ. Эффективное управление строительным оборудованием способствует повышению производительности, обеспечивает своевременное выполнение работ и высокое качество строительства.

小结　Закрепление материала

词语　Лексика

朗读下列词语。**Прочитайте следующие слова.**

| 浇筑 | 硬化 | 垫层 | 绑扎 | 纵向 |
| 横向 | 拼装 | 模板 | 从下到上 | 拆除 |

语法　Грамматика

朗读下列句子。**Прочитайте следующие предложения.**

1. 垫层硬化后，在垫层上绑扎纵向钢筋和横向钢筋。
2. 混凝土有强度后，拆除基础模板。
3. 从下到上安装模板。
4. 运土车把土从基坑运走。

课文理解　Работа с текстом

连词成句。Составьте предложения, используя предоставленные слова.

1 A. 先　B. 垫层　C. 浇筑　D. 在地基上　E. 混凝土

_____。

2 A. 绑扎　B. 和　C. 在垫层上　D. 纵向钢筋　E. 垫层
F. 横向钢筋　G. 硬化后

_____。

3 A. 混凝土　B. 基础模板　C. 有强度后　D. 拆除

_____。

4 A. 和　B. 模板　C. 拼装　D. 制作

_____。

第11课 Урок 11

Zuò fábǎn jīchǔ
做筏板基础
Возведение плитного фундамента

 **复习** Повторение

朗读下列词语。**Прочитайте следующие слова.**

| 地基 | 垫层 | 模板 | 拼装 |
| 浇筑 | 硬化 | 绑扎 | 拆除 |

 **热身** Разминка

选择正确的图片。**Выберите правильную картинку.**

A

B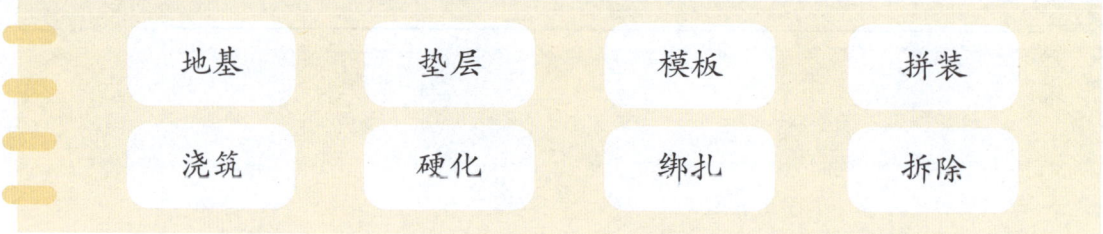

C

第 11 课 | 做筏板基础

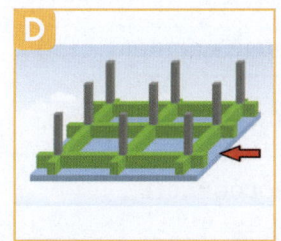  

① 底板 dǐbǎn — Основание (или фундаментная/ опорная плита) ( )
② 插筋 chājīn — Штырь ( )
③ 土方 tǔfāng — Земля ( )
④ 钎探机 qiāntànjī — Зондировочная машина ( )
⑤ 连接柱 liánjiēzhù — Соединительная колонна ( )
⑥ 标高 biāogāo — Высотная отметка ( )

 学习生词 Изучите новые слова 🎧 11-01

1	土方	tǔfāng	сущ.	Земля
2	让	ràng	гл.	Позволять, попросить, заставить
3	底部	dǐbù	сущ.	Дно, нижняя часть
4	达到	dádào	гл.	Достигать (или достигнуть)
5	设计	shèjì	сущ.	Проектирование
6	标高	biāogāo	сущ.	Высотная отметка
7	然后	ránhòu	с.	Затем, после чего

99

8	钎探机	qiāntànjī	*сущ.*	Зондировочная машина
9	探测	tàncè	*гл.*	Исследование (или разведка)
10	承载力	chéngzàilì	*сущ.*	Несущая способность
11	摆放	bǎifàng	*гл.*	Размещать
12	底板	dǐbǎn	*сущ.*	Основание (или фундаментная/опорная плита)
13	基础梁	jīchǔliáng	*сущ.*	Фундаментная балка
14	连接柱	liánjiēzhù	*сущ.*	Соединительная колонна
15	插筋	chājīn	*сущ.*	Штырь
16	支	zhī	*гл.*	Поддерживать, подпирать

词汇练习 Упражнения (лексика)

1. 看图选词。Посмотрите на картинки и выберите слова.

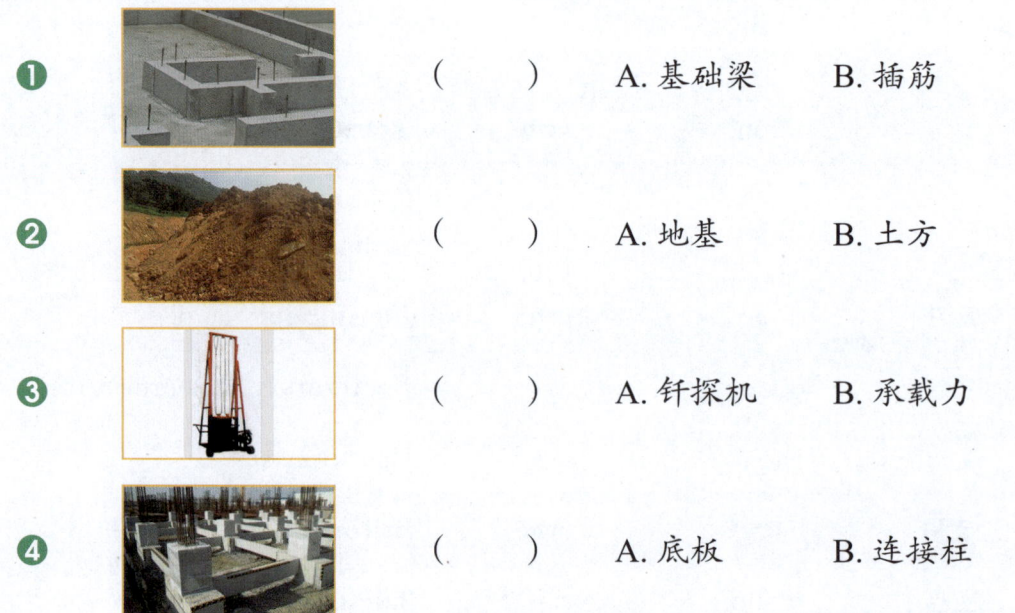

❶ （　　） A. 基础梁　　B. 插筋

❷ （　　） A. 地基　　B. 土方

❸ （　　） A. 钎探机　　B. 承载力

❹ （　　） A. 底板　　B. 连接柱

2. 朗读词语搭配。Прочитайте коллокации (словосочетания).

❶	jīkēng 基坑	jīkēng de tǔfāng 基坑 的 土方	❷	bǎngzā 绑扎	bǎngzā dǐbǎn gāngjīn 绑扎 底板 钢筋
		jīkēng de dǐbù 基坑 的 底部			bǎngzā jīchǔliáng gāngjīn 绑扎 基础梁 钢筋
		jīkēng de biānpō 基坑 的 边坡			bǎngzā liánjiēzhù chājīn 绑扎 连接柱 插筋

学习课文　Изучите текст　🎧 11-02

Zuò fábǎn jīchǔ
做 筏板 基础

　　Kāiwā jīkēng de tǔfāng, ràng jīkēng de dǐbù dādào shèjì biāogāo. Ránhòu yòng qiāntànjī tàncè dìjī de chéngzàilì, zuò jīchǔ diàncéng. Zài diàncéng shang bǎifàng hé bǎngzā dǐbǎn gāngjīn, ránhòu bǎngzā jīchǔliáng gāngjīn hé liánjiēzhù chājīn. Zhī jīchǔ múbǎn. Zuìhòu jiāozhù fábǎn jīchǔ de hùnníngtǔ.

　　开挖基坑的土方，让基坑的底部达到设计标高。然后用钎探机探测地基的承载力，做基础垫层。在垫层上摆放和绑扎底板钢筋，然后绑扎基础梁钢筋和连接柱插筋。支基础模板。最后浇筑筏板基础的混凝土。

Производство плитного фундамента

Работа над фундаментом начинается с выемки грунта из котлована до проектной отметки. Затем с помощью зондирующего оборудования проверяем несущую способность основания и уточняем уровень основания. На подготовленное основание укладываем и связываем арматуру нижнего слоя плиты. Далее выполняется соединение арматуры для фундаментных балок, а также соединение закладных элементов для колонн. Устанавливаем опалубку для фундамента. Наконец, производим заливку бетона, чтобы завершить устройство плитного фундамента.

课文练习　Работа с текстом

1. 选择填空。Заполните пропуски подходящим по смыслу вариантом.

   ① 开挖基坑的（　　），让基坑的（　　）达到（　　）标高。

   　A. 底部　　　B. 土方　　　C. 施工　　　D. 设计

   ② 用（　　）探测地基的（　　）。

   　A. 承载力　　B. 推土机　　C. 钎探机　　D. 模板

   ③ 在（　　）上摆放和（　　）底板钢筋。

   　A. 绑扎　　　B. 垫层　　　C. 基础　　　D. 钢板

   ④ 绑扎（　　）钢筋和（　　）插筋。（　　）基础模板。

   　A. 钢板　　　B. 支　　　　C. 连接柱　　D. 基础梁

2. 根据课文，排列施工顺序。 Восстановите порядок выполнения работ в соответствии с текстом.

1 ①做垫层　②探测地基的承载力　③开挖土方

　　_____

2 ①绑扎底板钢筋　②做垫层　③绑扎基础梁钢筋

　　_____

3 ①支基础模板　②浇筑混凝土　③绑扎基础梁钢筋和连接柱插筋

　　_____

4 ①支模板　②做垫层　③开挖土方　④绑扎钢筋

　　_____

学习语法　Грамматика

语法点 1　Грамматический комментарий 1

用"让"的兼语句
Последовательно-связанное предложение со словом "让"

表示使得产生一定的结果。常用结构为：让 + 名词 + 动词性词语。
Предложения с глаголом "让" демонстрируют, как одно действие становится причиной определенного результата. Обычно применяется следующая структура: 让 + существительное + глагольное выражение.

1　Kāiwā jīkēng de tǔfāng, ràng jīkēng de dǐbù dádào shèjì biāogāo.
　　开挖基坑的土方，让基坑的底部达到设计标高。
　　Выкапываем грунт из котлована, чтобы дно котлована достигло проектной отметки.

2　Lǎoshī ràng Mǎ Míng dú kèwén.
　　老师让马明读课文。Учитель попросил Ма Мина прочитать текст.

3　Wáng Tiān ràng nǐ dàishang ānquánmào.
　　王天让你戴上安全帽。Ван Тянь сказал тебе надеть защитную каску.

语法点1练习 Упражнение 1 (грамматика)

选词填空。Заполните пропуски подходящим по смыслу вариантом.

> A. 把　　B. 让　　C. 从

1. （　　）建筑工地（　　）土运走。
2. （　　）马明把土运走。
3. 挖土机（　　）土装入运土车。
4. 请（　　）王天进入建筑工地。

语法点2 Грамматический комментарий 2

（先）……，然后……

表示两个动作行为的先后顺序。

Конструкция указывает на последовательность двух действий.

---

1. Ràng jīkēng de dǐbù dádào shèjì biāogāo, ránhòu yòng qiāntànjī tàncè dìjī de chéngzàilì.
   让 基坑的底部达到设计标高，然后 用 钎探机探测地基的承载力。
   Сначала доводим дно котлована до проектной отметки, после чего проверяем несущую способность грунта основания с использованием пенетрометра.

2. Zài diàncéng shang bǎifàng dǐbǎn gāngjīn, ránhòu bǎngzā gāngjīn.
   在 垫层 上 摆放底板钢筋，然后绑扎 钢筋。
   Сначала укладываем арматуру нижнего слоя плиты на бетонное основание, затем приступаем к вязке арматурного каркаса.

3. Xiān zhī jīchǔ múbǎn, ránhòu jiāozhù hùnníngtǔ.
   先支基础模板，然后浇筑 混凝土。
   Сначала устанавливаем опалубку фундамента, затем заливаем бетон.

语法点 2 练习 — Упражнение 2 (грамматика)

按照施工顺序，用"先……，然后……"完成句子。Согласно порядку строительства, завершите предложение, используя "先……，然后……".

1. A. 设置围挡　　B. 开挖基坑

   _____。

2. A. 让基坑的底部达到设计标高　　B. 做基础垫层

   _____。

3. A. 在垫层上绑扎底板钢筋　　B. 绑扎连接柱插筋

   _____。

4. A. 从上到下安装基础模板　　B. 制作和拼装模板

   _____。

汉字书写 — Практика написания китайских иероглифов

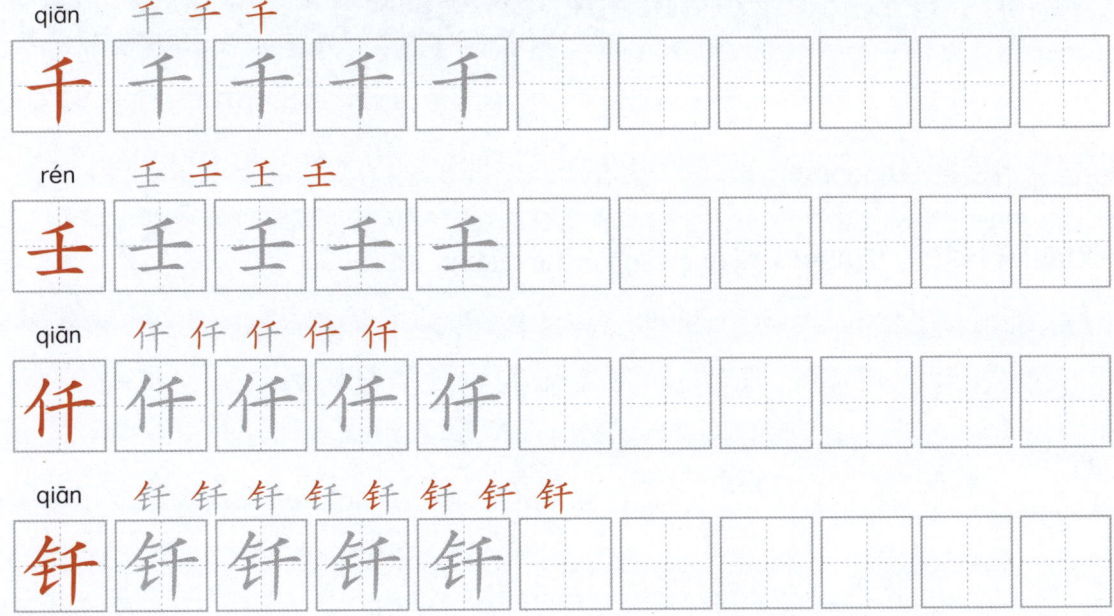

 **文化拓展** Культурный экскурс

Скоростные железные дороги

Скоростные железные дороги – одна из самых современных железнодорожных систем Китая, где поезда способны развивать скорость от 300 до 400 километров в час. Это не только быстрый, но и удобный, безопасный способ путешествия, который сочетает скорость с комфортом. Разветвленная сеть, соединяющая крупнейшие города, значительно упростила передвижение по стране, позволяя быстрее добираться до мест назначения. В ближайшем будущем Китай планирует дальнейшее расширение этой системы, включая строительство новых скоростных магистралей для соединения различных регионов страны.

 **小结** Закрепление материала

朗读下列词语。**Прочитайте следующие слова.**

土方	设计	标高	钎探机	探测
承载力	摆放	插筋	支	然后

第11课 | 做筏板基础

> **语法** Грамматика

朗读下列句子。Прочитайте следующие предложения.

1. 开挖基坑的土方,让基坑的底部达到设计标高。
2. 让他先进会议室。
3. 先支基础模板,然后浇筑混凝土。
4. 绑扎底板钢筋,然后绑扎基础梁钢筋。

> **课文理解** Работа с текстом

利用提示词复述课文句子。Используя предоставленные ниже слова, восстановите предложения из текста.

1. 开挖　基坑的底部　设计标高
2. 钎探机　探测　承载力
3. 摆放　绑扎　底板　然后
4. 支　最后　混凝土

第12课 / Урок 12

Dāshè jiǎoshǒujià
搭设脚手架
Монтаж строительных лесов

复习 Повторение

朗读下列词语。**Прочитайте следующие слова.**

设计	标高	探测	摆放
基础梁	连接柱	支模板	承载力

热身 Разминка

选择正确的图片。**Выберите правильную картинку.**

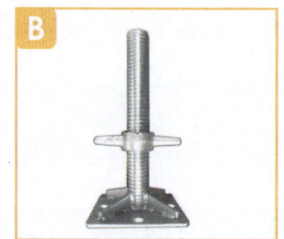

第 12 课 | 搭设脚手架

	gāngguǎn		
❶	钢管	Стальная труба	(　)
❷	jiǎndāochēng 剪刀撑	Крестообразные диагональные связи	(　)
❸	jiǎoshǒujià 脚手架	Строительные леса	(　)
❹	fàngxiàn 放线	Разметка линий	(　)
❺	dǐzuò 底座	Основание	(　)
❻	jiǎoshǒubǎn 脚手板	Настил для лесов (или рабочая платформа)	(　)

学习生词　Изучите новые слова 🎧 12-01

1	搭设	dāshè	гл.	Возводить, установить
2	如何	rúhé	местоим.	Как
3	钢管	gāngguǎn	сущ.	Стальная труба
4	定位	dìngwèi	гл.	Позиционировать, фиксировать
5	放线	fàngxiàn	гл.	Разметка линий
6	放置	fàngzhì	гл.	Размещать
7	垫板	diànbǎn	сущ.	Подпорка

109

8	底座	dǐzuò	сущ.	Основание
9	立杆	lìgān	сущ.	Установка столбов, вертикальный, прямой
10	横杆	hénggān	сущ.	Поперечный брус
11	剪刀撑	jiǎndāochēng	сущ.	Крестообразные диагональные связи
12	连墙件	liánqiángjiàn	сущ.	Связка со стеной (или анкерная связь)
13	脚手板	jiǎoshǒubǎn	сущ.	Настил для лесов (или рабочая платформа)
14	挂	guà	гл.	Вешать
15	安全网	ānquánwǎng	сущ.	Сетка безопасности

词汇练习 Упражнения (лексика)

1. 看图选词。**Посмотрите на картинки и выберите слова.**

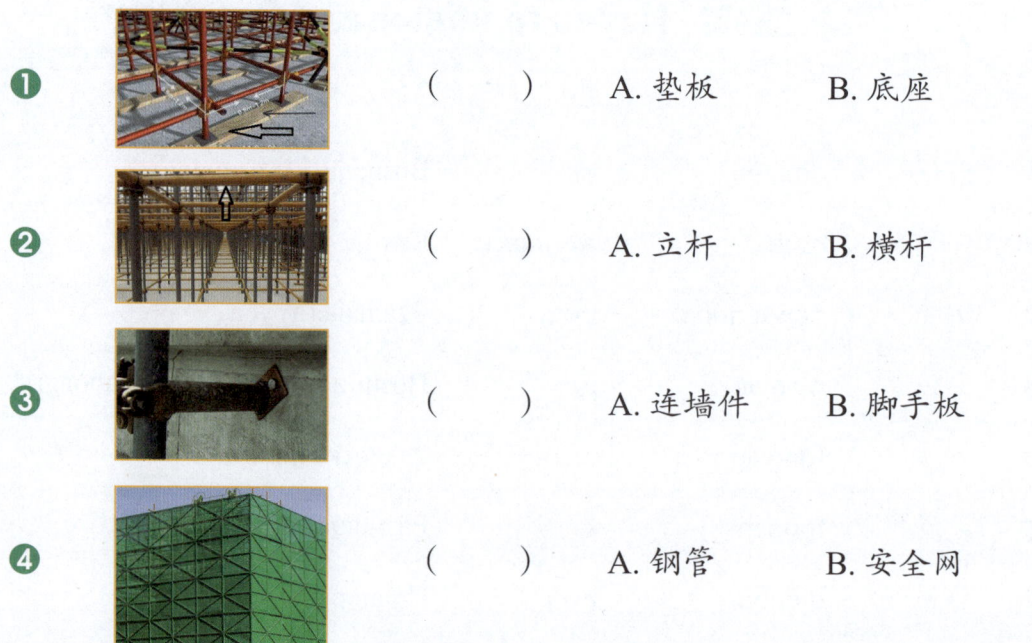

❶ (　) A. 垫板　B. 底座

❷ (　) A. 立杆　B. 横杆

❸ (　) A. 连墙件　B. 脚手板

❹ (　) A. 钢管　B. 安全网

2. 朗读词语搭配。Прочитайте коллокации (словосочетания).

❶	fàngzhì 放置	fàngzhì diànbǎn 放置 垫板	❷	liánjiē 连接	liánjiē jiǎoshǒujià hé qiángtǐ 连接 脚手架 和 墙体
		fàngzhì dǐzuò 放置 底座			liánjiē lìgān hé hénggān 连接 立杆 和 横杆
❸	dā shè 搭设	dā shè jiǎoshǒujià 搭设 脚手架	❹	shèzhì 设置	shèzhì jiǎndāochēng 设置 剪刀撑

 学习课文 Изучите текст 🎧 12-02

Dāshè jiǎoshǒujià
搭设 脚手架

Rúhé dāshè gāngguǎn jiǎoshǒujià? Píngzhěng chǎngdì, dìngwèi
如何搭设钢管 脚手架？平整 场地，定位
fàngxiàn. Fàngzhì diànbǎn hé dǐzuò, dāshè, liánjiē lìgān hé
放线。放置 垫板 和 底座，搭设、连接 立杆 和
hénggān. Shèzhì jiǎndāochēng, yòng liánqiángjiàn liánjiē jiǎoshǒujià hé
横杆。设置 剪刀撑，用 连墙件 连接 脚手架 和
qiángtǐ. Pū jiǎoshǒubǎn, guà ānquánwǎng.
墙体。铺 脚手板，挂 安全网。

Возведение строительных лесов

Как установить строительные леса из стальных труб? Затем устанавливаются опорные подкладки и поперечные балки. После этого монтируются диагональные связи и опорные пяты. Вертикальные стойки и поперечины собираются и соединяются, формируя основной каркас. Леса обязательно закрепляются к стене здания с использованием анкерных креплений (стеновых связей). На завершающем этапе на леса укладываются настилы (щитки), а по периметру крепится защитная сетка.

课文练习 Работа с текстом

1. 选择填空。Заполните пропуски подходящим по смыслу вариантом.

① 如何搭设（   ）脚手架？

　A. 钢筋　　　B. 垫板　　　C. 剪刀撑　　　D. 钢管

② （   ）、连接立杆和横杆。

　A. 搭设　　　B. 做　　　　C. 支护　　　　D. 拆除

③ 用（   ）连接脚手架和墙体。

　A. 剪刀撑　　B. 连墙件　　C. 底座　　　　D. 放线

④ （   ）脚手板，（   ）安全网。

　A. 放置　　　B. 搭设　　　C. 铺　　　　　D. 挂

2. 选词填空。Заполните пропуски словосочетаниями.

> A. 连接脚手架和墙体　　B. 剪刀撑　　C. 挂安全网
> D. 立杆和横杆　　E. 定位放线

平整场地，（　　）。放置垫板和底座，搭设、连接（　　）。设置（　　），用连墙件（　　）。铺脚手板，（　　）。

学习语法 Грамматика

 语法点 1 Грамматический комментарий 1

用"如何"提问　Вопросы со словом "如何"

用于询问动作行为的方式。

Используются для того, чтобы узнать способ выполнения действия.

1. Rúhé dāshè gāngguǎn jiǎoshǒujià?
   如何搭设 钢管 脚手架？
   Как возводятся строительные леса из стальных руб?

2. Rúhé dìngwèi fàngxiàn?
   如何 定位 放线？
   Как выполнить разметку и разбивку осей?

3. Rúhé guà ānquánwǎng?
   如何 挂 安全网？
   Как вешается сетка безопасности?

语法点 1 练习　Упражнение 1 (грамматика)

仿照例子，用"如何"来提问。По примеру и используйте «как», чтобы задать вопросы.

例：　穿防护服

　　　请问，<u>如何穿防护服</u>？

1. 搭设钢管脚手架

    请问，_____？

2. 设置剪刀撑

    请问，_____？

3. 做筏板基础

    请问，_____？

4. 测量基坑开挖的范围和深度

    请问，_____？

语法点 2　Грамматический комментарий 2

动宾短语　Глагольно-объектное словосочетание

结构为"动词 + 名词"，可以单独成句，也可以用作句子成分。

Глагольные словосочетания (тип "глагол + объект"). Имеют структуру "глагол + существительное". Могут использоваться как самостоятельные предложения или как части предложений.

第 12 课 | 搭设脚手架

Píngzhěng chǎngdì.
1. 平整 场地。Выровнять площадку.

Shèzhì jiǎndāochēng.
2. 设置 剪刀撑。Установить крестообразные диагональные связи.

Guà ānquánwǎng shì dāshè jiǎoshǒujià zuìhòu de bùzhòu.
3. 挂 安全网 是搭设 脚手架 最后 的 步骤。
Установка защитной сетки – это заключительный этап при возведении строительных лесов.

语法点 2 练习　Упражнение 2 (грамматика)

画出下列句子中的动宾短语。Подчеркните глагольно-объектные словосочетания в следующих предложениях.

1. 马明用推土机平整场地。
2. 王天在脚手架上铺脚手板。
3. 挂安全网是搭设脚手架的最后一步。
4. 今天我们学习写汉字。

汉字书写　Практика написания китайских иероглифов

dāo 刀 刀
刀 刀 刀 刀 刀

lì 力 力
力 力 力 力 力

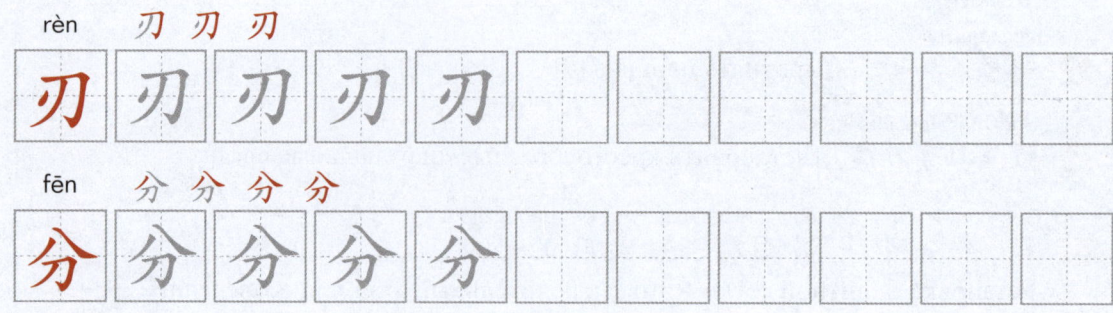

 **职业拓展** Строительство: взгляд изнутри

Информатизация строительства

Информатизация в строительстве – это применение информационных технологий для управления строительными проектами. Это включает в себя: Во-первых, использование специализированного программного обеспечения и интернет-технологий для централизованного управления предприятием, а также для оперативного сбора, анализа и обмена данными, важными для бизнеса. Во-вторых, применение технологий визуализации и информационного моделирования для эффективного управления и контроля качества, сроков, безопасности и стоимости строительства на протяжении всего жизненного цикла проекта.

第12课 | 搭设脚手架

 **小结** Закрепление материала

词语 Лексика

朗读下列词语。Прочитайте следующие слова.

| 如何 | 搭设 | 钢管 | 定位 | 垫板 |
| 横杆 | 剪刀撑 | 连墙件 | 脚手板 | 底座 |

语法 Грамматика

朗读下列句子。Прочитайте следующие предложения.

1. 如何搭设钢管脚手架？
2. 如何用连墙件连接脚手架和墙体？
3. 铺脚手板。
4. 挂安全网是搭设脚手架的最后一步。

课文理解 Работа с текстом

选词填空。Заполните пропуски подходящим по смыслу вариантом.

A. 立　B. 墙体　C. 放线　D. 铺　E. 横　F. 场地　G. 脚手架　H. 安全网

1. 搭设钢管脚手架：平整（　　），定位（　　）。
2. 搭设、连接（　　）杆和（　　）杆。
3. 用连墙件连接（　　）和（　　）。
4. （　　）脚手板，挂（　　）。

第13课 Урок 13

Qìzhù zhuānjīchǔ
砌筑砖基础
Кладка кирпичного фундамента

 **复习** Повторение

朗读下列词语。Прочитайте следующие слова.

| 搭设 | 定位 | 放置 | 底座 |
| 剪刀撑 | 垫板 | 安全网 | 脚手板 |

 **热身** Разминка

选择正确的图片。Выберите правильную картинку.

 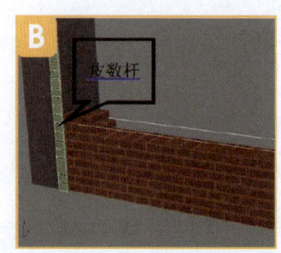 

第 13 课 | 砌筑砖基础

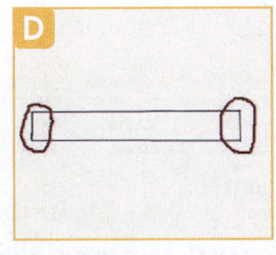

pánjiǎo
❶ 盘角　　　Угол кладки　　　　　　　　　　　　（　）

guàxiàn
❷ 挂线　　　Натягивание шнура (для выравнивания),
　　　　　　провешивание　　　　　　　　　　　（　）

liǎngduān
❸ 两端　　　Оба конца　　　　　　　　　　　　　（　）

chuízhídù
❹ 垂直度　　Вертикальность, отвесность　　　　　（　）

jīcáo
❺ 基槽　　　Траншея под фундамент, котлован под
　　　　　　фундамент　　　　　　　　　　　　（　）

píshùgān
❻ 皮数杆　　Порядовка　　　　　　　　　　　　（　）

学习生词 Изучите новые слова 🎧 13-01

1	基槽	jīcáo	*сущ.*	Траншея под фундамент, котлован под фундамент
2	拌制	bànzhì	*гл.*	Приготовление (раствора, смеси), замешивание
3	确定	quèdìng	*гл.*	Определить
4	方法	fāngfǎ	*сущ.*	Способ
5	首先……，然后……	shǒuxiān…, ránhòu…		Сначала ... , затем ...

119

6	两端	liǎngduān	*сущ.*	Оба конца
7	盘角	pánjiǎo	*гл.*	Угол кладки
8	中间	zhōngjiān	*сущ.*	Середина, центр
9	立	lì	*гл.*	Поднимать, ставить вертикально
10	皮数杆	píshùgān	*сущ.*	Порядовка
11	并且	bìngqiě	*с.*	И, также
12	挂线	guàxiàn	*гл.*	Натягивание шнура (для выравнивания), провешивание
13	垂直度	chuízhídù	*сущ.*	Перпендикулярность
14	平整度	píngzhěngdù	*сущ.*	Ровность

词汇练习 Упражнения (лексика)

1. 看图认读词语。 Посмотрите на рисунки и прочитайте слова.

pánjiǎo
盘角

guàxiàn
挂线

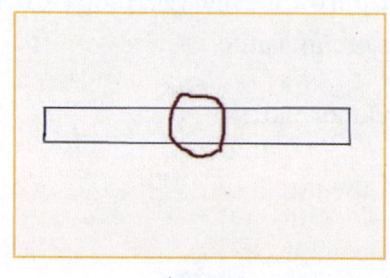

zhōngjiān
中间

píngzhěngdù
平整度

2. 给下列词语分类。 Распределите по группам следующие слова.

A. 基槽 (jīcáo)   B. 拌制 (bànzhì)   C. 确定 (quèdìng)   D. 中间 (zhōngjiān)

E. 方法 (fāngfǎ)   F. 盘角 (pánjiǎo)   G. 皮数杆 (píshùgān)   H. 挂线 (guàxiàn)

I. 垂直度 (chuízhídù)   J. 平整度 (píngzhěngdù)

名词（сущ.）：（　　　　　　　　　　　　）

动词（гл.）：（　　　　　　　　　　　　）

学习课文 Изучите текст 🎧 13-02

砌筑砖基础 (Qìzhù zhuānjīchǔ)

先清理基槽底部，然后做基础垫层。用砂浆搅拌机拌制砂浆，确定砌筑方法。基础放线后，再砌筑砖基础。首先两端盘角，然后砌筑中间。立皮数杆并且挂线。最后测量砖基础的垂直度和平整度。

Кладка кирпичного фундамента

Начните с очистки дна котлована. Затем, с помощью бетономешалки, приготовьте цементно-песчаный раствор и выполните бетонную подготовку (подстилающий слой) под фундамент. Определите оптимальный способ кладки. После разбивки осей приступайте к кладке кирпичного фундамента. Сначала выкладываются углы с использованием порядовки и натягивания шнура. После этого выполняется кладка кирпича между углами. На финальном этапе проверьте вертикальность и горизонтальность возведенного кирпичного фундамента.

课文练习　Работа с текстом

1. 判断对错。 Определите, правильно ли утверждение.

1. 先做基础垫层，再清理基槽。　　　　　　　　　　　（　　）
2. 基础放线后，再砌筑砖基础。　　　　　　　　　　　（　　）
3. 首先两端盘角，然后砌筑中间。　　　　　　　　　　（　　）
4. 最后确定砖基础的垂直度和砌筑方法。　　　　　　　（　　）

2. 选词填空。 Заполните пропуски подходящим по смыслу вариантом.

| A. 做基础垫层 | B. 确定砌筑方法 | C. 立皮数杆 |
| D. 拌制 | E. 两端盘角 | F. 垂直度和平整度 |

先清理基槽底部，然后（　　）。用砂浆搅拌机（　　）砂浆，（　　）。基础放线后，再砌筑砖基础。首先（　　），然后砌筑中间。（　　）并且挂线，最后测量砖基础的（　　）。

 学习语法 Грамматика

 语法点 1　Грамматический комментарий 1

首先……，然后……

用于表示两个动作行为的先后顺序。
Используется для обозначения последовательности двух действий.

1. Shǒuxiān liǎngduān pánjiǎo, ránhòu qìzhù zhōngjiān.
   首先 两端 盘角，然后 砌筑 中间。
   Сначала выложите углы с обеих сторон, после чего выполните кладку кирпича между ними.

2. Shǒuxiān zhī hùnníngtǔ jīchǔ de múbǎn, ránhòu jiāozhù hùnníngtǔ.
   首先 支 混凝土 基础 的 模板，然后 浇筑 混凝土。
   Сначала установите опалубку для бетонного фундамента, затем залейте в нее бетон.

3. Shǒuxiān kāiwā jīkēng, ránhòu zhìzuò fábǎn jīchǔ.
   首先 开挖 基坑，然后 制作 筏板 基础。
   Вначале выполните выемку грунта для котлована, а затем приступайте к устройству плитного фундамента.

语法点 1 练习　Упражнение 1 (грамматика)

用"首先……，然后……"改写句子。 Перепишите предложения, используя "首先……，然后……".

1. 两端盘角，砌筑中间。

   _____。

2. 绑扎钢筋，支模板。

   _____。

3. 基础放线，砌筑砖基础。

   _____。

4 测量基坑的开挖范围和深度,开挖基坑。

_____。

语法点 2　Грамматический комментарий 2

连词：并且　　Союз: 并且

用来连接并列的动词或形容词等,表示几个动作同时进行或几种性质同时存在。

Этот союз соединяет однородные глаголы, прилагательные и другие части речи, указывая на одновременное выполнение нескольких действий или наличие нескольких признаков одновременно.

① Lì píshùgān bìngqiě guàxiàn.
立 皮数杆 并且 挂线。
Установите порядовки и натяните шнур [для ориентации кладки].

② Dāshè bìngqiě liánjiē lìgān hé hénggān.
搭设 并且 连接 立杆 和 横杆。
Установите и соедините вертикальные и поперечные стойки.

③ Zhìzuò bìngqiě pīnzhuāng múbǎn.
制作 并且 拼装 模板。 Соберите и подготовьте опалубку.

语法点 2 练习　Упражнение 2 (грамматика)

为"并且"选择适当的位置。Поставьте слово "并且" в подходящее место в предложении.

① A 立 B 皮数杆 C 挂线。　　　　　　　　　　　　　（　　）

② A 制作 B 安装 C 门窗。　　　　　　　　　　　　　（　　）

③ A 摆放 B 绑扎 C 底板钢筋。　　　　　　　　　　　（　　）

④ 把土 A 装入 B 运土车 C 运走。　　　　　　　　　　（　　）

 汉字书写 Практика написания китайских иероглифов

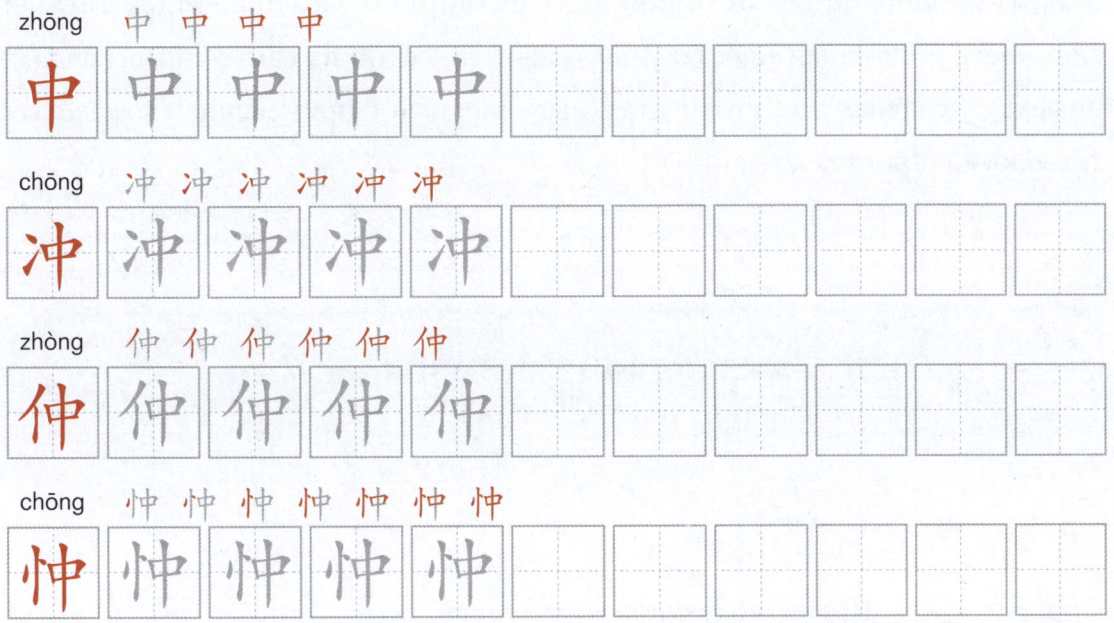

 文化拓展 Культурный экскурс

Мост Гонконг-Чжухай-Макао

Мост Гонконг-Чжухай-Макао — это уникальное инженерное сооружение, сочетающее мост и подводный тоннель, которое соединяет Гонконг, Чжухай (провинция Гуандун) и Макао в Китае. Он проходит через акваторию моря Линьдинъян в устье Жемчужной реки, в провинции

Гуандун. Общая протяженность комплекса составляет 55 километров, включая 22,9 километра мостовой части и 6,7 километра подводного тоннеля. Строительство началось в декабре 2009 года, а официальное открытие движения состоялось 23 октября 2018 года. Масштабы и сложность реализации проекта впечатляют: это один из самых значительных инфраструктурных проектов Китая, выполненный с применением передовых технологий строительства.

 小结 Закрепление материала

词语 Лексика

朗读下列词语。**Прочитайте следующие слова.**

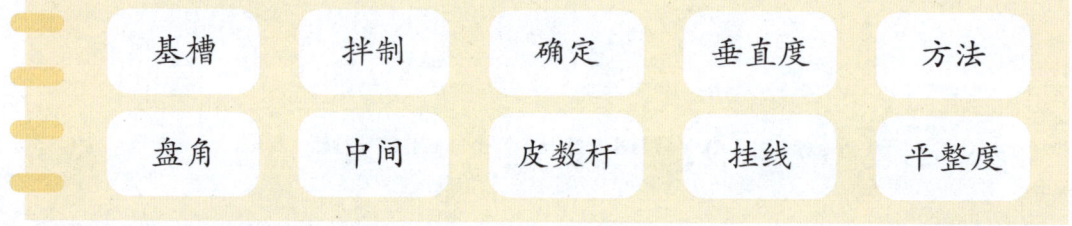

| 基槽 | 拌制 | 确定 | 垂直度 | 方法 |
| 盘角 | 中间 | 皮数杆 | 挂线 | 平整度 |

语法 Грамматика

朗读下列句子。**Прочитайте следующие предложения.**

1. 首先两端盘角，然后砌筑中间。
2. 首先开挖基坑，然后制作筏板基础。
3. 立皮数杆并且挂线。
4. 制作并且拼装模板。

课文理解　Работа с текстом

选词填空。Заполните пропуски подходящим по смыслу вариантом.

> A. 测量　　B. 清理　　C. 拌制　　D. 确定　　E. 立　　F. 砌筑

1. 先（　　）基槽底部，然后做基础垫层。
2. 用砂浆搅拌机（　　）砂浆，（　　）砌筑方法。
3. 基础放线后，再（　　）砖基础。
4. （　　）皮数杆并且挂线。
5. 最后（　　）砖基础的垂直度和平整度。

第14课 Урок 14

Qìzhù qìkuàiqiáng
砌筑砌块墙
Кладка блочных стен

 **复习** Повторение

朗读下列词语。Прочитайте следующие слова.

基槽	拌制	砌筑方法
两端盘角	砌筑中间	测量垂直度

 **热身** Разминка

选择正确的图片。Выберите правильную картинку.

第 14 课 | 砌筑砌块墙

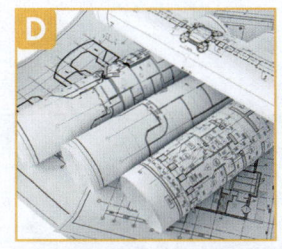 D
 E
 F

1. wàdāo
   瓦刀 — Лопатка каменщика, мастерок ( )

2. dàchǎn
   大铲 — Лопата, кельма ( )

3. niántǔzhuān
   黏土砖 — Шамотный кирпич ( )

4. túzhǐ
   图纸 — Чертеж ( )

5. gōufèng
   勾缝 — Заполнение швов ( )

6. huītǒng
   灰桶 — Ведро для раствора ( )

学习生词 Изучите новые слова 🎧 14-01

1	准备	zhǔnbèi	гл.	Подготовить
2	还	hái	нареч.	Ещё, пока
3	瓦刀	wàdāo	сущ.	Лопатка каменщика, мастерок
4	大铲	dàchǎn	сущ.	Лопата, кельма
5	溜子	liùzi	сущ.	Шпатель
6	灰桶	huītǒng	сущ.	Ведро для раствора
7	按照	ànzhào	предл.	По, согласно, в соответствии с

8	图纸	túzhǐ	*сущ.*	Чертеж
9	放	fàng	*гл.*	Поставить, расположить
10	轴线	zhóuxiàn	*сущ.*	Ось
11	边线	biānxiàn	*сущ.*	Крайняя линия, контур, граница
12	洞口线	dòngkǒuxiàn	*сущ.*	Разметочная линия проёма
	洞口	dòngkǒu	*сущ.*	Проем, отверстие
13	黏土砖	niántǔzhuān	*сущ.*	Шамотный кирпич
14	排列	páiliè	*гл.*	Располагать, расставлять по порядку
15	勾缝	gōufèng	*гл.*	Заполнение швов

词汇练习 Упражнения (лексика)

1. 看图认读词语。 Посмотрите на рисунки и прочитайте слова.

wàdāo
瓦刀

gōufèng
勾缝

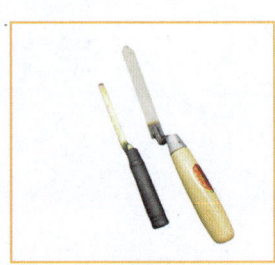
liùzi
溜子

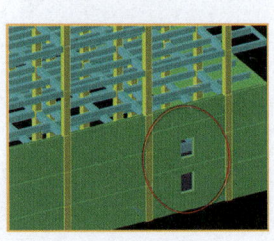
dòngkǒu
洞口

fàng biānxiàn
放 边线

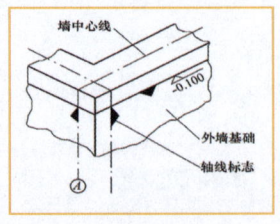
zhóuxiàn
轴线

第14课｜砌筑砌块墙

2. 给下列词语分类。 Распределите по группам следующие слова.

A. wàdāo 瓦刀 B. fàng qiángtǐ zhóuxiàn 放 墙体 轴线 C. fàng dòngkǒuxiàn 放 洞口线 D. dàchǎn 大铲

E. qìzhù niántǔzhuān 砌筑 黏土砖 F. páiliè qìkuài 排列 砌块 G. huītǒng 灰桶 H. fàng biānxiàn 放 边线

I. liùzi 溜子 J. pū shājiāng 铺 砂浆 K. gōufèng 勾缝

砌筑工具：（　　　　　　　　　）

砌筑步骤：（　　　　　　　　　）

砌筑放线：（　　　　　　　　　）

学习课文　Изучите текст　🎧 14-02

砌筑砌块墙
Qìzhù qìkuàiqiáng

准备砌块和砂浆，还有瓦刀、大铲、溜子和灰桶等。按照图纸放墙体轴线、边线和洞口线。在砌块墙底部砌筑黏土砖，在黏土砖上排列砌块。在砌块上铺砂浆，放置砌块。最后对砌块墙勾缝。

Кладка блочных стен

Подготовьте блоки, цементно-песчаный раствор, кельму, мастерок, расшивку, и ведро для раствора и т.д. В соответствии с чертежами выполните разметку осей стен, боковых линий и линий проемов. В основании блочной стены выполните кладку из глиняного кирпича, на который затем уложите блоки. На блоки нанесите раствор и установите следующий блок. В конце выполните расшивку швов блочной кладки.

课文练习 Работа с текстом

1. 选词填空。 Заполните пропуски подходящим по смыслу вариантом.

> A. 黏土砖　　B. 底部　　C. 排列　　D. 图纸　　E. 铺　　F. 边线

1. 按照（　　）放墙体轴线、（　　）和洞口线。
2. 在砌块墙（　　）砌筑（　　）。
3. 在黏土砖上（　　）砌块。
4. 在砌块上（　　）砂浆。

2. 选择填空（可多选）。 Заполните пропуски подходящим по смыслу вариантом (несколько вариантов).

1. 砌筑砌块墙用（　　）。
   A. 瓦刀　　B. 大铲　　C. 灰桶　　D. 溜子　　E. 基础
2. 砌筑砌块墙，要放哪些线？（　　）
   A. 墙体轴线　　B. 边线　　C. 底部线　　D. 洞口线
3. 在墙体底部砌筑（　　）。
   A. 黏土砖　　B. 砌块

第 14 课 | 砌筑砌块墙

4 砌筑砌块墙的顺序（порядок）：砌筑黏土砖，然后（　　），在砌块上（　　），（　　），最后（　　）。

A. 勾缝　　　　B. 放置砌块　　　　C. 排列砌块　　　　D. 铺砂浆

 学习语法 Грамматика

语法点 1　Грамматический комментарий 1

副词：还　Наречие: 还

用在动词前，表示在某个范围之外有所补充。
Занимает положение перед глаголом и обозначает добавление к уже имеющемуся или выход за рамки чего-либо.

1　Zhǔnbèi qīkuài hé shājiāng, hái yǒu wǎdāo、dàchǎn、liùzi hé huītǒng děng.
　 准备 砌块和砂浆，还有瓦刀、大铲、溜子和灰桶 等。
　 Подготовьте блоки, раствор, а также кельму, мастерок, расшивку, ведро для раствора и т.д.

2　Nǐ hái yào jì ānquándài.
　 你还要系安全带。Вам также необходимо пристегнуть страховочный пояс.

3　Hái yǒu qiángtǐ xūyào qìzhù.
　 还有墙体需要砌筑。Еще нужно выполнить кладку стены.

语法点 1 练习　Упражнение 1 (грамматика)

连词成句。Составьте предложения, используя предоставленные слова.

1　①工地　②戴　③工作服　④进入　⑤安全帽　⑥要　⑦还要　⑧穿

　　_____。

2　①瓦刀　②准备大铲　③准备　④还要　⑤砌筑砌块墙　⑥要

　　_____。

133

3 ①会议室 ②在办公区 ③还有 ④有办公室

_____。

4 ①把土 ②运走 ③挖土机 ④还 ⑤挖土 ⑥要 ⑦后

_____。

语法点 2 Грамматический комментарий 2

介词：按照 Предлог: 按照

用于引出动作行为的凭借、依据。常用结构为：按照 + 名词 + 动词性词语。

Данный предлог указывает на основу или источник, на которых базируется действие. Обычно используется в конструкции: "按照 + существительное + глагольное словосочетание".

1 Ànzhào túzhǐ fàng qiángtǐ zhóuxiàn.
按照 图纸 放 墙体 轴线。Разметьте ось стены в соответствии с чертежом.

2 Ànzhào shèjì biāogāo kāiwā jīkēng.
按照 设计 标高 开挖 基坑。
Выкопайте котлован в соответствии с проектной отметкой.

3 Ànzhào túzhǐ zài niántǔzhuān shang páiliè qìkuài.
按照 图纸 在 黏土砖 上 排列 砌块。
Расположить блоки на шамотном кирпиче согласно чертежам.

语法点 2 练习 Упражнение 2 (грамматика)

选词填空。Заполните пропуски подходящим по смыслу вариантом.

A. 还   B. 按照

1 砌筑墙体要准备材料，（   ）要准备瓦刀和大铲等。

2 （   ）图纸制作基础。

3 (　　) 基坑开挖的范围和深度，开挖基坑。

4 浇筑基础垫层的混凝土后，(　　　) 要砌筑砖基础。

 **汉字书写** Практика написания китайских иероглифов

 **职业拓展** Строительство: взгляд изнутри

Опасности и вредные факторы в строительстве

Обеспечение безопасности при проведении строительных работ крайне важно, так как существует множество факторов, влияющих на ее уровень. Среди них выделяются две основные категории. Первая категория связана с физическими и химическими опасностями, такими как взрывчатые вещества, бензин, электричество и токсичные материалы. Их утечка или распространение могут представлять серьезную угрозу, поэтому крайне важно предотвращать подобные ситуации. Вторая категория охватывает организационные и человеческие факторы. К ним относятся небезопасное поведение работников, ненадежное состояние оборудования и инструментов, а также недостаточная организация рабочих процессов и управления. Все эти факторы способны привести к травмам людей, потере имущества, ущербу окружающей среде, а также к социальным и природным рискам. Для предотвращения подобных последствий необходимо строго соблюдать меры безопасности и организовывать регулярный контроль за выполнением строительных норм.

小结 Закрепление материала

词语 **Лексика**

朗读下列词语。**Прочитайте следующие слова.**

| 准备 | 溜子 | 还 | 轴线 | 瓦刀 |
| 黏土砖 | 排列 | 洞口 | 图纸 | 勾缝 |

第14课 | 砌筑砌块墙

语法 Грамматика

朗读下列句子。**Прочитайте следующие предложения.**

1. 准备砌块和砂浆，还有瓦刀、大铲、溜子和灰桶等。
2. 你要戴安全帽，还要系安全带。
3. 按照图纸放墙体轴线、边线和洞口线。
4. 按照设计标高开挖基坑。

课文理解 Работа с текстом

选择填空（可多选）。**Заполните пропуски подходящим по смыслу вариантом (несколько вариантов).**

1. 砌筑砌块墙的材料有（　　　　）。

    A. 砌块　　　B. 轴线　　　C. 黏土砖　　　D. 勾缝　　　E. 砂浆

2. 砌筑砌块墙的工具有（　　　　）。

    A. 灰桶　　　B. 按照　　　C. 溜子　　　D. 大铲　　　E. 瓦刀

根据课文排列顺序。**Восстановите порядок выражении в соответствии с текстом.**

砌筑砌块墙的顺序是＿＿＿＿＿＿＿＿＿＿＿。

　　A. 放线　　　B. 勾缝　　　C. 砌筑黏土砖　　　D. 排列砌块

　　E. 铺砂浆　　　F. 放置砌块

第15课 Урок 15

Jiāgōng gāngjīn 加工钢筋
Обработка арматуры

复习 Повторение

朗读下列词语。Прочитайте следующие слова.

准备	按照	边线
砌筑黏土砖	排列砌块	对砌块墙勾缝

热身 Разминка

选择正确的图片。Выберите правильную картинку.

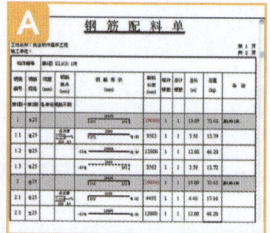

第 15 课 | 加工钢筋

❶	tiáozhíjī 调直机	Правильный станок	( )
❷	jiāgōngpéng 加工棚	Навес для обработки (материалов), цех обработки, ангар	( )
❸	wānqūjī 弯曲机	Гибочный станок	( )
❹	pèiliàodān 配料单	Бланк дозировки	( )
❺	chúxiùjī 除锈机	Удалитель ржавчины	( )
❻	qiēduànjī 切断机	Отрезной станок, станок для резки	( )

学习生词 Изучите новые слова 🎧 15-01

1	加工	jiāgōng	гл.	Обрабатывать
2	就……来说	jiù…lái shuō	предл.	Для... , что касается... .
3	编写	biānxiě	гл.	Составлять, писать, разрабатывать (документ, программу)
4	配料单	pèiliàodān	сущ.	Бланк дозировки
5	加工棚	jiāgōngpéng	сущ.	Навес для обработки (материалов), цех обработки, ангар

139

6	里	li	*сущ.*	В
7	调直机	tiáozhíjī	*сущ.*	Правильный станок
8	调直	tiáozhí	*гл.*	Выпрямлять
9	除锈机	chúxiùjī	*сущ.*	Удалитель ржавчины
10	除锈	chúxiù	*гл.*	Удалять ржавчину
11	切断机	qiēduànjī	*сущ.*	Отрезной станок, станок для резки
12	切断	qiēduàn	*гл.*	Отрезать
13	弯曲机	wānqūjī	*сущ.*	Гибочный станок
14	弯曲	wānqū	*гл.*	Сгибать

词汇练习　Упражнения (лексика)

1. 看图认读词语。Посмотрите на рисунки и прочитайте слова.

jiāgōng
加工

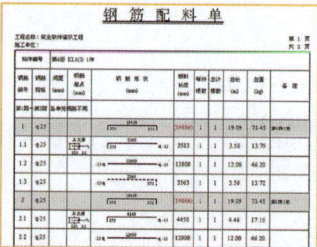
pèiliàodān
配料单

jiāgōngpéng
加工棚

tiáozhíjī
调直机

qiēduànjī
切断机

wānqūjī
弯曲机

2. 给下列词语分类。 Распределите по группам следующие слова.

A. 弯曲机 (wānqūjī)　　B. 调直 (tiáozhí)　　C. 调直机 (tiáozhíjī)　　D. 弯曲 (wānqū)

E. 切断机 (qiēduànjī)　　F. 切断 (qiēduàn)　　G. 钢筋 工程 (gāngjīn gōngchéng)　　H. 除锈机 (chúxiùjī)

I. 除锈 (chúxiù)　　J. 混凝土 工程 (hùnníngtǔ gōngchéng)　　K. 模板 工程 (múbǎn gōngchéng)

钢筋混凝土工程：（　　　　　　　　　　）

钢筋加工机械：（　　　　　　　　　　）

钢筋加工方法：（　　　　　　　　　　）

学习课文　Изучите текст　🎧 15-02

加工钢筋 (Jiāgōng gāngjīn)

钢筋混凝土工程分钢筋工程、模板工程和混凝土工程。就钢筋工程来说，先编写钢筋配料单。在钢筋加工棚里，用调直机把钢筋调直，用除锈机对钢筋除锈，用切断机把钢筋切断，用弯曲机把钢筋弯曲。

Обработка арматуры

Железобетонные работы подразделяются на арматурные работы, опалубочные работы и бетонные работы. Что касается арматурных работ, то сначала составляют спецификацию арматуры. В арматурном цехе с помощью правильного станка выпрямляют арматуру, с помощью машины для очистки от ржавчины удаляют ржавчину с арматуры, с помощью отрезного станка режут арматуру, а с помощью гибочного станка гнут арматуру.

课文练习 Работа с текстом

1. 连词成句。 Составьте предложения, используя предоставленные слова.

① ①和 ②模板工程 ③混凝土工程 ④钢筋混凝土工程 ⑤分 ⑥钢筋工程

_____。

② ①钢筋工程 ②来说 ③钢筋 ④编写 ⑤配料单 ⑥就 ⑦先

_____。

③ ①里 ②在 ③调直机 ④用 ⑤调直 ⑥钢筋加工棚 ⑦把钢筋

_____。

④ ①对 ②除锈 ③除锈机 ④钢筋 ⑤用

_____。

2. 选择短语填空。 Заполните пропуски словосочетаниями.

A. 对钢筋除锈　B. 把钢筋切断　C. 编写钢筋配料单　D. 把钢筋弯曲

加工钢筋先（　　）。在钢筋加工棚里，用调直机把钢筋调直，用除锈机（　　），用切断机（　　），用弯曲机（　　）。

第15课 | 加工钢筋

学习语法 Грамматика

语法点 1　Грамматический комментарий 1

就……来说

用于引出与动作、状态或判断有关的事物。
Используется для представления темы или аспекта, к которому относится действие, состояние или суждение.

1. Jiù gāngjīn gōngchéng lái shuō, xiān biānxiě gāngjīn pèiliàodān.
   就 钢筋 工程 来 说，先 编写 钢筋 配料单。
   Что касается арматурных работ, сначала составляется спецификация арматуры.

2. Jiù jīchǔ gōngchéng lái shuō, xiān kāiwā tǔfāng.
   就 基础 工程 来 说，先 开挖 土方。
   Что касается работ по фундаменту, сначала производят земляные работы (выемку грунта).

3. Jiù qìzhù gōngchéng lái shuō, zuìhòu duì qiángtǐ gōufèng.
   就 砌筑 工程 来 说，最后 对 墙体 勾缝。
   Что касается кладочных работ, в конце выполняют расшивку швов кладки.

语法点 1 练习　Упражнение 1 (грамматика)

连词成句。Составьте предложения, используя предоставленные слова.

1. ①就　②防水工程　③要　④防水方法　⑤确定　⑥来说　⑦先

   _____。

2. ①混凝土　②要　③来说　④做　⑤就　⑥先　⑦垫层　⑧独立基础

   _____。

3. ①先　②就　③准备　④来说　⑤要　⑥砌筑工程　⑦工具和材料

   _____。

4 ①钢结构 ②建造 ③就 ④要 ⑤制作 ⑥钢构件 ⑦先 ⑧来说

_____。

语法点 2　Грамматический комментарий 2

方位词：里　Существительное направления: 里

方位词"里"用在名词后，表示物体内部。
Существительное направления "里" используется после существительного и обозначает внутреннюю часть объекта или пространство внутри него.

1　Zài gāngjīn jiāgōngpéng li, yòng tiáozhíjī bǎ gāngjīn tiáozhí.
　在 钢筋 加工棚 里，用 调直机 把 钢筋 调直。
　В ангаре для обработки арматуры выпрямите стержни с помощью правильного станка.

2　Jiànzhù gōngdì de shēnghuóqū li yǒu sùshè.
　建筑 工地 的 生活区 里 有 宿舍。
　В жилой зоне строительной площадки расположены общежития.

3　Qǐng qīnglǐ jīcáo li de tǔ.
　请 清理 基槽 里 的 土。
　Пожалуйста, уберите грунт из котлована.

语法点 2 练习　Упражнение 2 (грамматика)

连接短语，组成句子。Составьте предложения, соединив фразы.

办公区里　　　　　　　　有塔吊和脚手架等

生产区里　　　　　　　　是砂浆

钢筋混凝土里　　　　　　有办公室

搅拌机里　　　　　　　　有钢筋

第15课 | 加工钢筋

 **汉字书写** Практика написания китайских иероглифов

 **文化拓展** Культурный экскурс

Цинхай-Тибетская железная дорога

    Цинхай-Тибетская железная дорога пролегает от города Синин в провинции Цинхай до Лхасы в Тибетском автономном районе. Ее протяженность составляет 1956 километров. Полное завершение строительства и открытие для движения состоялось 1 июля 2006 года. 85% маршрута проходит по плато на высоте более 4000 метров, включая участок длиной более 500 километров через вечную мерзлоту. При этом железная дорога была спроектирована таким образом, чтобы не оказывать никакого негативного воздействия на экологию Тибетского нагорья. Цинхай-Тибетская железная дорога считается самой высокогорной и длинной железной дорогой на плато в мире.

145

小结 Закрепление материала

词语 Лексика

朗读下列词语。Прочитайте следующие слова.

| 加工 | 编写 | 配料单 | 调直机 | 除锈机 |
| 切断机 | 弯曲机 | 就……来说 | 里 | 加工棚 |

语法 Грамматика

朗读下列句子。Прочитайте следующие предложения.

1. 就钢筋工程来说，先编写钢筋配料单。
2. 就基础工程来说，先开挖土方。
3. 在钢筋加工棚里，用调直机把钢筋调直。
4. 建筑工地的生活区里有宿舍。

课文理解 Работа с текстом

选词填空。Заполните пропуски подходящим по смыслу вариантом.

A. 弯曲机　　B. 除锈机　　C. 调直机　　D. 配料单　　E. 切断机

1. 编写钢筋（　　）。
2. 用（　　）把钢筋调直。
3. 用（　　）对钢筋除锈。
4. 用（　　）切断钢筋。
5. 用（　　）把钢筋弯曲。

第16课 / Урок 16

Liánjiē hé bǎngzā gāngjīn
连接和绑扎钢筋
Соединение и вязка арматуры

复习 Повторение

朗读下列词语。**Прочитайте следующие слова.**

- 切断机
- 编写配料单
- 加工棚
- 把钢筋调直
- 对钢筋除锈
- 把钢筋弯曲

热身 Разминка

选择正确的图片。**Выберите правильную картинку.**

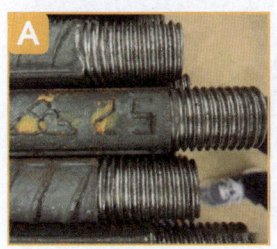
A

B

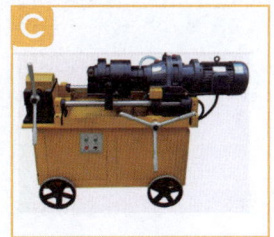
C

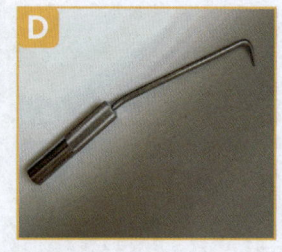

① tàosījī
　套丝机　　　Резьбонарезной станок　　　（　　）

② gāngjīngōu
　钢筋钩　　　Арматурный крюк　　　　　（　　）

③ bǎngsī
　绑丝　　　　Вязальная проволока　　　（　　）

④ luówén
　螺纹　　　　Резьба　　　　　　　　　　（　　）

⑤ tàotǒng
　套筒　　　　Муфта　　　　　　　　　　（　　）

⑥ qiàogùn
　撬棍　　　　Лом　　　　　　　　　　　（　　）

 学习生词　Изучите новые слова 16-01

1	通常	tōngcháng	*нареч.*	Как правило, обычно
2	螺纹	luówén	*сущ.*	Резьба
3	套筒	tàotǒng	*сущ.*	Муфта
4	端部	duānbù	*сущ.*	Торец, конец
5	套丝机	tàosījī	*сущ.*	Резьбонарезной станок
6	给	gěi	*предл.*	Для, чем-то
7	套丝	tàosī	*гл.*	Резьба

第 16 课 | 连接和绑扎钢筋

8	扳手	bānshou	*сущ.*	Гаечный ключ
9	拧紧	nǐngjǐn	*словосоч.*	Затянуть, закрутить
10	人工	réngōng	*прил.*	Ручной труд, вручную
11	钢筋钩	gāngjīngōu	*сущ.*	Арматурный крюк
12	绑丝	bǎngsī	*сущ.*	Вязальная проволока
13	撬棍	qiàogùn	*сущ.*	Лом
14	调整	tiáozhěng	*гл.*	Регулировать
15	垫块	diànkuài	*сущ.*	Прокладка, подкладка, дистанцер

词汇练习 Упражнения (лексика)

1. 看图认读词语。 Посмотрите на рисунки и прочитайте слова.

tàotǒng
套筒

duānbù
端部

tàosī
套丝

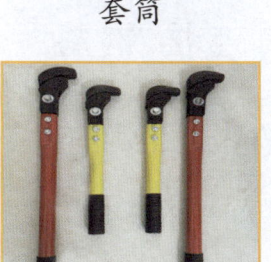

bānshou
扳手

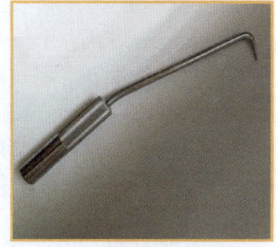

gāngjīngōu
钢筋钩

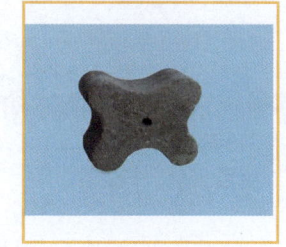

diànkuài
垫块

2. 词语连线。Составьте словосочетания.

人工	套筒
调整	绑扎
拧紧	套丝
用套丝机	垫块
放置	钢筋

学习课文 Изучите текст 🎧 16-02

Liánjiē hé bǎngzā gāngjīn
连接和绑扎钢筋

Gāngjīn tōngcháng yòng luówén tàotǒng liánjiē: Zài gāngjīn
钢筋 通常 用 螺纹 套筒 连接：在 钢筋
duānbù, yòng tàosījī gěi gāngjīn tàosī; yòng tàotǒng liánjiē gāngjīn,
端部，用套丝机给钢筋套丝；用套筒连接钢筋，
yòng bānshou nǐngjǐn tàotǒng. Bǎngzā gāngjīn tōngcháng shì réngōng bǎngzā:
用 扳手拧紧套筒。绑扎钢筋 通常 是人工 绑扎：
Bǎifàng gāngjīn, yòng gāngjīngōu hé bǎngsī bǎngzā gāngjīn. Yòng
摆放 钢筋，用 钢筋 钩 和 绑丝 绑扎 钢筋。用
qiàogùn tiáozhěng gāngjīn, fàngzhì gāngjīn de diànkuài děng.
撬棍 调整 钢筋，放置 钢筋 的 垫块 等。

第 16 课 | 连接和绑扎钢筋

Соединение и вязка арматуры

Арматура обычно соединяется резьбовыми муфтами: на концах арматурных стержней нарезается резьба с помощью резьбонарезного станка. Для соединения арматуры муфтами используют гаечный ключ, чтобы затянуть муфту. Вязка арматуры обычно выполняется вручную: раскладывают арматуру, с помощью лома регулируют положение арматуры, крюком для вязки и вязальной проволокой связывают арматуру. Также используют подкладки (фиксаторы) для размещения арматуры.

课文练习 Работа с текстом

1. 选词填空。 Заполните пропуски подходящим по смыслу вариантом.

A. 人工   B. 通常   C. 套筒   D. 拧紧   E. 端部   F. 给

1. 钢筋（　　）用螺纹（　　）连接。
2. 在钢筋（　　），用套丝机（　　）钢筋套丝。
3. 用扳手（　　）套筒。
4. 绑扎钢筋通常是（　　）绑扎。

2. 连词成句。 Составьте предложения, используя предоставленные слова.

1. ①套筒　②用　③连接　④螺纹　⑤钢筋　⑥通常

2 ①用　②在　③给　④套丝　⑤钢筋端部　⑥钢筋　⑦套丝机

_____

3 ①和　②钢筋　③钢筋钩　④绑扎　⑤用　⑥绑丝

_____

4 ①放置　②钢筋　③钢筋的　④用　⑤调整　⑥垫块　⑦撬棍

_____

 学习语法　Грамматика

 语法点 1　Грамматический комментарий 1

副词：通常　Наречие: 通常

用在句首或动词前，表示在一般情况下。

Используется перед глаголом или в начале предложения для указания на типичное или общее действие либо ситуацию.

　　Gāngjīn tōngcháng yòng luówén tàotǒng liánjiē.
1 钢筋　通常　用　螺纹　套筒　连接。
　　Арматура обычно соединяется резьбовыми муфтами.

　　Bǎngzā gāngjīn tōngcháng shì réngōng bǎngzā.
2 绑扎　钢筋　通常　是　人工　绑扎。
　　Вязка арматуры обычно выполняется вручную.

　　Qìzhù zhuānjīchǔ tōngcháng yào lì píshùgān.
3 砌筑　砖基础　通常　要立皮数杆。
　　Для кладки кирпичного фундамента, как правило, нужно вертикально установить порядовки.

第 16 课 ｜ 连接和绑扎钢筋

语法点 1 练习　Упражнение 1 (грамматика)

连词成句。Составьте предложения, используя предоставленные слова.

1　①基础　②通常　③用　④建造　⑤钢筋混凝土

　_____。

2　①和　②砖墙　③砖　④通常　⑤砂浆　⑥是　⑦砌筑的

　_____。

3　①是　②建造的　③钢构件　④钢结构建筑　⑤通常　⑥用

　_____。

4　①开挖　②基坑的　③用　④通常　⑤土方　⑥挖土机

　_____。

语法点 2　Грамматический комментарий 2

> 介词：给　Предлог: 给
>
> **用于引出动作的对象。常用结构为：给 + 名词 + 动词性词语。**
> Указывает на объект, на который направлено действие. Обычно используется в конструкции: "给 + существительное + глагольное словосочетание".
>
> ---
>
> 　　Zài gāngjīn duānbù, yòng tàosījī gěi gāngjīn tàosī.
> 1　在 钢筋 端部，用 套丝机 给 钢筋 套丝。
> 　На концах арматурных стержней нарезают резьбу для арматуры с помощью резьбонарезного станка.
>
> 　　Nǐ yào xiān gěi jīchǔ fàngxiàn, zài qìzhù jīchǔ.
> 2　你 要 先 给 基础 放线，再 砌筑 基础。
> 　Вам нужно сначала сделать разметку для фундамента, а затем возводить фундамент.
>
> 　　Dāshè jiǎoshǒujià qián, wǒmen yào gěi jiǎoshǒujià dìngwèi.
> 3　搭设 脚手架 前，我们 要 给 脚手架 定位。
> 　Перед установкой строительных лесов нам нужно определить местоположение для лесов.

153

语法点 2 练习　Упражнение 2 (грамматика)

连词成句。Составьте предложения, используя предоставленные слова.

1 ①设置　②工地　③给　④围挡

　　_____。

2 ①铺　②地面　③地板　④给

　　_____。

3 ①墙面　②给　③涂料　④你们　⑤涂刷　⑥今天

　　_____。

4 ①溜子　②勾缝　③砖墙　④用　⑤砌筑　⑥给　⑦通常　⑧墙体

　　_____。

汉字书写　Практика написания китайских иероглифов

sháo　勺
yún　匀
gōu　勾
jù　句

第 16 课 | 连接和绑扎钢筋

职业拓展 Строительство: взгляд изнутри

Хранение арматуры

После доставки арматуры на строительную площадку ее необходимо хранить строго по партиям, классу, марке, диаметру и длине. Каждая партия должна быть четко промаркирована с указанием количества и размещена отдельно, без смешивания. Для предотвращения коррозии и загрязнения под арматуру следует укладывать деревянные подкладки, обеспечивая расстояние от земли не менее 200 мм. Также важно избегать размещения арматуры вблизи помещений, где выделяются вредные газы, чтобы исключить негативное воздействие на материал. Обработанные и соответствующие требованиям арматурные стержни должны быть связаны и использованы в работе как можно скорее.

小结 Закрепление материала

 词语 Лексика

朗读下列词语。 **Прочитайте следующие слова.**

| 螺纹 | 套筒 | 端部 | 套丝机 | 拧紧 |
| 通常 | 钢筋钩 | 撬棍 | 调整 | 垫块 |

语法 Грамматика

朗读下列句子。Прочитайте следующие предложения.

1. 通常用螺纹套筒连接钢筋。
2. 绑扎钢筋通常是人工绑扎。
3. 用套丝机给钢筋套丝。
4. 搭设脚手架前,要给脚手架定位。

课文理解 Работа с текстом

选词填空。Заполните пропуски подходящим по смыслу вариантом.

A. 钢筋钩　B. 扳手　C. 端部　D. 垫块　E. 套丝机　F. 绑丝

1. 在钢筋(　　),用(　　)给钢筋套丝。
2. 用(　　)拧紧套筒。
3. 用(　　)和(　　)绑扎钢筋。
4. 放置钢筋的(　　)。

第17课 / Урок 17

Zhī zhùmúbǎn
支柱模板
Установка опалубки колонн

复习 Повторение

朗读下列词语。Прочитайте следующие слова.

- 端部
- 钢筋钩
- 用扳手拧紧
- 螺纹套筒
- 调整钢筋
- 放置垫块

热身 Разминка

选择正确的图片。Выберите правильную картинку.

1. *jiǎomúbǎn* 角模板 — Угловая опалубка ( )
2. *zhùgū* 柱箍 — Хомут для колонны, обойма для колонны ( )
3. *mùmúbǎn* 木模板 — Деревянная опалубка ( )
4. *zhuānyòng múbǎn* 专用 模板 — Специальная опалубка ( )
5. *chāxiāo* 插销 — Задвижка ( )
6. *U xíng qiǎ* U 形卡 — U-образный зажим ( )

学习生词 Изучите новые слова 🎧 17-01

1	木模板	mùmúbǎn	*сущ.*	Деревянная опалубка
2	专用模板	zhuānyòng múbǎn	*словосоч.*	Специальная опалубка
3	顺序	shùnxù	*сущ.*	Последовательность
4	支撑	zhīchēng	*гл.*	Опора, подпорка, стойка
5	U形卡	U xíng qiǎ	*сущ.*	U-образный зажим
6	插销	chāxiāo	*сущ.*	Задвижка
7	平面模板	píngmiàn múbǎn	*словосоч.*	Плоская опалубка

8	各种	gèzhǒng	*местоим.*	Различные
9	角模板	jiǎomúbǎn	*сущ.*	Угловая опалубка
10	成	chéng	*гл.*	В, сделать
11	柱箍	zhùgū	*сущ.*	Хомут для колонны, обойма для колонны
12	检查	jiǎnchá	*гл.*	Проверять
13	校正	jiàozhèng	*гл.*	Корректировать
14	对拉螺栓	duìlā luóshuān	*словосоч.*	Стяжной болт
15	加固	jiāgù	*гл.*	Укреплять

词汇练习 Упражнения (лексика)

1. 看图认读词语。Посмотрите на рисунки и прочитайте слова.

píngmiàn múbǎn
平面 模板

jiǎomúbǎn
角模板

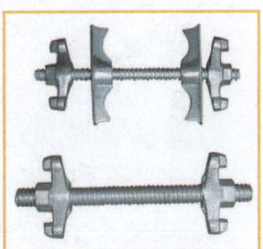
duìlā luóshuān
对拉 螺栓

zhùgū
柱箍

zhīchēng
支撑

gèzhǒng (jiǎomúbǎn)
各种（角模板）

2. 朗读词语搭配。 Прочитайте коллокации (словосочетания).

❶ múbǎn 模板	mùmúbǎn 木模板		❷ zhùmúbǎn 柱模板	zhī zhùmúbǎn 支柱模板
	gāngmúbǎn 钢模板			jiāgōng zhùmúbǎn 加工 柱模板
	zhuānyòng múbǎn 专用 模板			pīnzhuāng zhùmúbǎn 拼装 柱模板
	píngmiàn múbǎn 平面 模板			jiǎnchá zhùmúbǎn 检查 柱模板
	jiǎomúbǎn 角模板			jiàozhèng zhùmúbǎn 校正 柱模板

 **学习课文** Изучите текст 🎧 17-02

Zhī zhùmúbǎn
支柱模板

Múbǎn fēn mùmúbǎn、gāngmúbǎn hé zhuānyòng múbǎn děng. Yòng
模板分木模板、钢模板和专用 模板 等。用
gāngmúbǎn zhī zhùmúbǎn de shùnxù shì: Gěi zhùmúbǎn dìngwèi,
钢模板 支柱模板 的 顺序 是：给 柱模板 定位，
dāshè múbǎn zhīchēng; yòng U xíng qiǎ、chāxiāo děng bǎ píngmiàn
搭设 模板 支撑；用 U 形 卡、插销 等 把 平面
múbǎn hé gèzhǒng jiǎomúbǎn pīnzhuāng chéng zhùmúbǎn; ānzhuāng
模板 和 各种 角模板 拼装 成 柱模板；安装
zhùgū, jiǎnchá、jiàozhèng zhùmúbǎn; yòng duìlā luóshuān jiāgù
柱箍，检查、校正 柱模板；用 对拉 螺栓 加固
zhùmúbǎn; zuìhòu qīnglǐ zhùmúbǎn dǐbù.
柱模板；最后 清理 柱模板 底部。

第 17 课 ｜ 支柱模板

Опалубка колонн

Опалубка может быть деревянной, стальной или специальной, в зависимости от используемых материалов. Порядок установки стальной опалубки колонн: определите точное местоположение установки опалубки колонны. Установите опоры для закрепления опалубки. Соберите опалубку и угловые элементы формы колонны, используя U-образные зажимы, штифты и другие необходимые крепления. Проверьте собранную опалубку колонны и выполните ее выравнивание. Установите хомуты и затяните стяжные винты, чтобы надежно зафиксировать конструкцию. Очистите нижнюю часть опалубки колонны перед началом работ.

课文练习 Работа с текстом

1. 选词填空。 Заполните пропуски подходящим по смыслу вариантом.

A. 搭设　　B. 分　　C. 清理　　D. 拼装成　　E. 插销

① 模板（　　）木模板、钢模板和专用模板等。
② （　　）模板支撑。
③ 用 U 形卡、（　　）等把平面模板和各种角模板（　　）柱模板。
④ 最后（　　）柱模板底部。

2. 排列"支柱模板"的施工顺序。 Восстановите порядок выполнения работ по "установке опалубки колонн".

①用对拉螺栓加固模板　　②清理柱模板底部　　③检查、校正柱模板
④安装柱箍　　⑤搭设模板支撑　　⑥给柱模板定位　　⑦拼装成柱模板

学习语法 Грамматика

语法点 1　Грамматический комментарий 1

动词：分　　Глагол: 分

表示一个整体事物包含几个部分。常用结构为：名词 + 分……。

Этот глагол означает, что целое состоит из нескольких частей. Используется в конструкции: "существительное + 分..."

---

1. Múbǎn fēn mùmúbǎn、gāngmúbǎn hé zhuānyòng múbǎn děng.
模板 分 木模板、钢模板 和 专用 模板 等。
Опалубки делятся на деревянные, стальные и специальные и т.д.

2. Gāngjīn hùnníngtǔ gōngchéng fēn gāngjīn gōngchéng、múbǎn gōngchéng hé hùnníngtǔ gōngchéng.
钢筋 混凝土 工程 分 钢筋 工程、模板 工程 和 混凝土 工程。
Железобетонные работы подразделяются на арматурные работы, опалубочные работы и бетонные работы.

3. Gāngjīn fēn guāngyuán gāngjīn hé dàilèi gāngjīn.
钢筋 分 光圆 钢筋 和 带肋 钢筋。
Арматура делится на круглую гладкого профиля и рифленую.

语法点 1 练习　Упражнение 1 (грамматика)

用"分"来回答下列问题。Ответьте на вопросы, используя "分".

1. 模板分哪几种？

   _____。

2. 钢筋混凝土工程分哪几种？

   _____。

3 钢筋分哪几种？

_____

4 建筑工地通常分哪几个区？

_____

语法点 2 Грамматический комментарий 2

动词 + 成   Глагол + 成

"成"用在动词后，表示动作使状态发生改变。

"成", поставленный после глагола, указывает на завершение действия, в результате которого происходит изменение состояния или преобразование во что-то новое.

1 Yòng U xíng qiǎ, chāxiāo děng bǎ píngmiàn múbǎn hé gèzhǒng jiǎomúbǎn pīnzhuāng chéng zhùmúbǎn.
用 U 形卡、插销 等 把 平面 模板 和 各种 角模板 拼装 成 柱模板。

С помощью U-образных зажимов, штифтов и т.п. собирают плоские и различные угловые элементы опалубки, превращая их в опалубку колонны.

2 Yòng lìgǎn hé hénggǎn děng dāshè chéng jiǎoshǒujià.
用 立杆 和 横杆 等 搭设 成 脚手架。

Из стоек, перекладин и т.п. сооружают строительные леса.

3 Yòng qìkuài hé shājiāng qìzhù chéng qìkuàiqiáng.
用 砌块 和 砂浆 砌筑 成 砌块墙。

Из блоков и раствора выкладывают блочную стену.

语法点 2 练习 Упражнение 2 (грамматика)

连词成句。Составьте предложения, используя предоставленные слова.

1 ①用   ②钢筋混凝土   ③独立基础   ④成   ⑤制作

_____

2 ①砌筑　②用　③和　④成　⑤砂浆　⑥砖　⑦砖基础

_____。

3 ①制作　②钢板　③请　④钢柱　⑤把　⑥成　⑦你

_____。

4 ①连接　②把　③钢构件　④钢结构　⑤建筑　⑥成

_____。

汉字书写　Практика написания китайских иероглифов

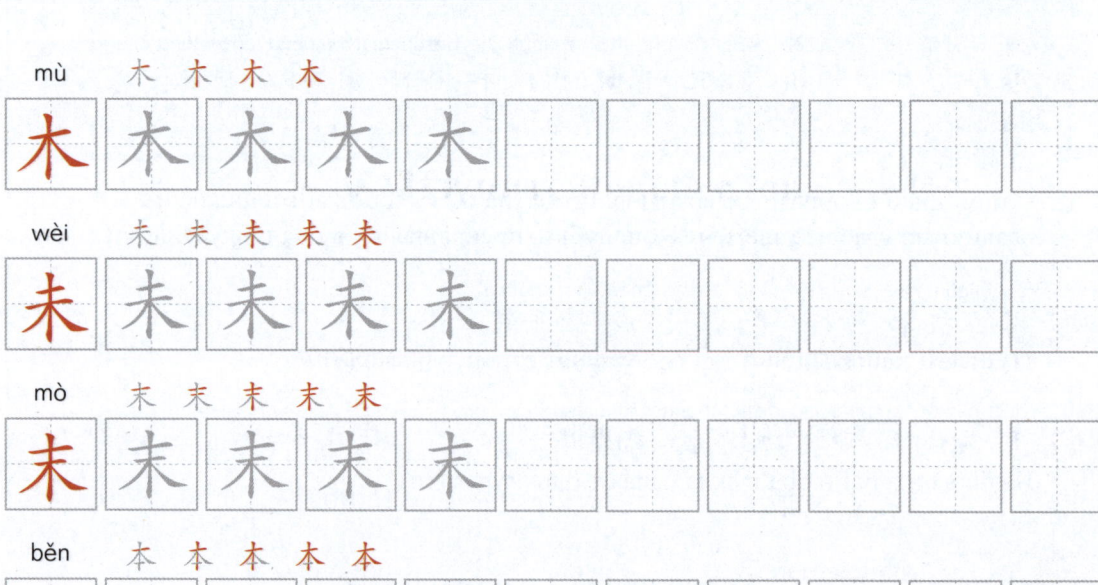

164

 **文化拓展** Культурный экскурс

Дворцовый музей

Дворцовый музей в Пекине, ранее являвшийся императорским дворцом династий Мин и Цин, считается одним из крупнейших существующих деревянных сооружений в мире. Строительство Запретного города началось в четвертый год правления династии Мин и завершилось в восемнадцатом году правления императора Юнлэ. Это прямоугольный комплекс, разделенный на две основные части: внешний двор и внутренний двор. Во внешнем дворе расположены зал Высшей гармонии, зал Центральной гармонии и зал Бао Хэ, тогда как во внутреннем дворе находятся дворец Цяньцин, Цзяотайдянь и дворец Куньнин. Сегодня Запретный город известен во всем мире как музей, демонстрирующий богатое наследие древней культуры и искусства.

 **小结** Закрепление материала

 词语 Лексика

朗读下列词语。Прочитайте следующие слова.

| 专用模板 | 顺序 | 支撑 | 角模板 | 检查 |
| 插销 | 柱箍 | 校正 | 各种 | 对拉螺栓 |

语法 Грамматика

朗读下列句子。Прочитайте следующие предложения.

1. 模板分木模板、钢模板和专用模板等。

2. 钢筋混凝土工程分钢筋工程、模板工程和混凝土工程。

3. 用 U 形卡、插销等把平面模板和各种角模板拼装成柱模板。

4. 用立杆和横杆等搭设成脚手架。

课文理解 Работа с текстом

选词填空。Заполните пропуски подходящим по смыслу вариантом.

| A. 校正 | B. 安装 | C. 加固 | D. 搭设 |

1. （　　）模板支撑。

2. （　　）柱箍。

3. 检查、（　　）柱模板。

4. 用对拉螺栓（　　）柱模板。

第18课 / Урок 18

Bànzhì hé yùnshū hùnníngtǔ
拌制和运输混凝土
Приготовление и транспортировка бетона

复习 Повторение

朗读下列词语。Прочитайте следующие слова.

- 顺序
- 拼装成
- 搭设支撑
- 安装柱箍
- 检查、校正
- 对拉螺栓

热身 Разминка

选择正确的图片。Выберите правильную картинку.

A

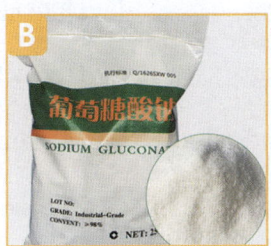
B

C

D

	wàijiājì		
❶	外加剂	Примесь	( )
	diàodǒu		
❷	吊斗	Подвесной ковш	( )
	shūsòngbèng		
❸	输送泵	Перекачивающий насос	( )
	shǒutuīchē		
❹	手推车	Тележка	( )

 学习生词 Изучите новые слова 🎧 18-01

1	运输	yùnshū	гл.	Транспортировать
2	配合比	pèihébǐ	сущ.	Состав смеси, пропорции компонентов
3	计算	jìsuàn	гл.	Рассчитать
4	每	měi	местоим.	Каждый
5	罐	guàn	счет.сл.	Резервуар
6	外加剂	wàijiājì	сущ.	Примесь
7	重量	zhòngliàng	сущ.	Вес
8	称取	chēngqǔ	гл.	Отвесить
9	均匀	jūnyún	прил.	Равномерный
10	吊斗	diàodǒu	сущ.	Подвесной ковш
11	输送泵	shūsòngbèng	сущ.	Перекачивающий насос
12	泵送	bèngsòng	гл.	Перекачивать
13	可以	kěyǐ	мод.гл.	Может, можно
14	手推车	shǒutuīchē	сущ.	Тележка

第 18 课 | 拌制和运输混凝土

词汇练习 Упражнения (лексика)

1. 看图认读词语。 Посмотрите на рисунки и прочитайте слова.

shǒutuīchē
手推车

wàijiājì
外加剂

shūsòngbèng
输送泵

diàodǒu
吊斗

guàn
罐

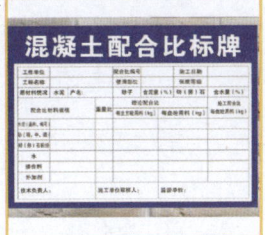
pèihébǐ
配合比

2. 朗读词语搭配。 Прочитайте коллокации (словосочетания).

① hùnníngtǔ 混凝土	jiǎobàn hùnníngtǔ 搅拌 混凝土	② jìsuàn 计算	jìsuàn shā de zhòngliàng 计算 沙 的 重量
	yùnshū hùnníngtǔ 运输 混凝土		jìsuàn shuǐní de zhòngliàng 计算 水泥 的 重量
	bèngsòng hùnníngtǔ 泵送 混凝土		jìsuàn wàijiājì de zhòngliàng 计算 外加剂 的 重量

学习课文 Изучите текст 🎧 18-02

拌制 和 运输 混凝土
Bànzhì hé yùnshū hùnníngtǔ

拌制混凝土：确定混凝土的配合比，计算每罐混凝土中沙、石子、水泥、水和外加剂的重量；称取各种材料，装入混凝土搅拌机，并且搅拌均匀。用塔吊的吊斗运输混凝土，或用输送泵泵送混凝土，也可以用手推车运输混凝土。

Смешивание и транспортировка бетона

Приготовление бетона: определить пропорции песка, щебня, цемента, воды и добавок в бетоне, рассчитать вес песка, щебня, цемента, воды и добавок на каждую порцию бетона. Взвесить все материалы, загрузить в бетономешалку и тщательно перемешать. Транспортировка бетона: бетон можно транспортировать бадьями с помощью башенного крана, бетононасосом или вручную тележками.

第18课 | 拌制和运输混凝土

课文练习 Работа с текстом

1. 选词填空。Заполните пропуски подходящим по смыслу вариантом.

> A. 手推车   B. 吊斗   C. 运输   D. 泵送

① 拌制和（   ）混凝土。

② 用塔吊的（   ）运输混凝土。

③ 用混凝土输送泵（   ）混凝土。

④ 可以用（   ）运输混凝土。

2. 排列"拌制混凝土"的施工顺序。Восстановите порядок выполнения работ по "приготовлению бетона".

①装入混凝土搅拌机   ②称取各种材料   ③把混凝土搅拌均匀

④确定配合比   ⑤计算每罐各种材料的重量

学习语法 Грамматика

语法点 1 Грамматический комментарий 1

代词：每   Местоимение: 每

用在名词或量词前，指整体中的任何一个或一部分。

Используется перед существительными или счетными словами, чтобы указать на каждый отдельный элемент или часть из общего количества.

> Jìsuàn měi guàn hùnníngtǔ zhōng shā、shízǐ、shuǐní、shuǐ hé wàijiājì de zhòngliàng.
> 1. 计算每罐混凝土中沙、石子、水泥、水和外加剂的重量。
> Рассчитать вес песка, щебня, цемента, воды и добавок в каждой порции бетона.
>
> Měi gè jiànzhù gōngdì dōu yǒu shīgōng jīxiè.
> 2. 每个建筑工地都有施工机械。
> На каждой строительной площадке есть строительная техника.
>
> Měi gēn gāngjīn dōu yào bǎngzā.
> 3. 每根钢筋都要绑扎。Каждый стержень арматуры должен быть обвязан.

语法点1练习 Упражнение 1 (грамматика)

连词成句。Составьте предложения, используя предоставленные слова.

1. ①钢筋　②每根　③绑扎　④摆放　⑤并且

   _____

2. ①钢筋　②都　③每根　④切断　⑤要

   _____

3. ①砂浆　②砌块　③要　④铺　⑤都
   ⑥每块（сч.сл.）　⑦上

   _____

4. ①模板　②拼装　③都　④一起　⑤每块　⑥把　⑦在

   _____

语法点 2　Грамматический комментарий 2

能愿动词：可以　　Модальный глагол: 可以

表示可能或能够。

Означает возможность или способность что-либо сделать.

---

1. Kěyǐ yòng shǒutuīchē yùnshū hùnníngtǔ.
   可以用 手推车 运输 混凝土。
   Бетон можно транспортировать на тележке.

2. Hùnníngtǔ yǒu qiángdù hòu, kěyǐ chāichú múbǎn.
   混凝土有强度 后，可以拆除 模板。
   После того, как бетон обретет прочность, можно демонтировать опалубки.

3. Jīkēng kāiwā hòu, kěyǐ yòng réngōng qīnglǐ jīkēng dǐbù.
   基坑 开挖 后，可以用 人工 清理 基坑 底部。
   После того, как котлован выкопан, дно котлована можно очистить вручную.

语法点 2 练习　Упражнение 2 (грамматика)

连词成句。Составьте предложения, используя предоставленные слова.

1. ①手推车　②混凝土　③用　④运输　⑤可以

   _____。

2. ①底部　②清理　③可以　④基坑　⑤人工　⑥用

   _____。

3. ①对卫生间做防水　②可以　③用涂膜防水　④卷材防水
   ⑤也　⑥可以用

   _____。

4. ①绑扎　②可以　③绑丝　④你　⑤用钢筋钩　⑥钢筋　⑦和

   _____。

 汉字书写 Практика написания китайских иероглифов

 职业拓展 Строительство: взгляд изнутри

Интеллектуальное строительство

Интеллектуальное строительство — это использование передовых технологий, таких как информационное моделирование зданий (BIM) и Интернет вещей (IoT), в строительной отрасли. Эти технологии помогают интегрировать данные и процессы, создавая более эффективную и управляемую строительную среду. Применение интеллектуальных систем позволяет повысить уровень автоматизации и уменьшить зависимость от человеческого труда, достичь целей безопасного строительства, улучшить экономическую эффективность и надёжность зданий. Кроме того, интеллектуальное строительство обеспечивает интеллектуальную среду для управления и эксплуатации инженерных объектов. Это позволяет лучше удовлетворять как функциональные, так и индивидуальные потребности каждого проекта.

小结 Закрепление материала

词语 Лексика

朗读下列词语。**Прочитайте следующие слова.**

| 运输 | 配合比 | 计算 | 外加剂 | 称取 |
| 重量 | 均匀 | 输送泵 | 可以 | 手推车 |

语法 Грамматика

朗读下列句子。**Прочитайте следующие предложения.**

1. 计算每罐混凝土中沙、石子、水泥、水和外加剂的重量。
2. 每根钢筋都要绑扎。
3. 可以用手推车运输混凝土。
4. 基坑开挖后，可以用人工清理基坑底部。

课文理解 Работа с текстом

选词填空。Заполните пропуски подходящим по смыслу вариантом.

> A. 均匀　　B. 输送泵　　C. 称取　　D. 配合比　　E. 每罐　　F. 外加剂

1. 确定混凝土的（　　）。

2. 计算（　　）混凝土中沙、石子、水泥和（　　）的重量。

3. （　　）各种材料，装入混凝土搅拌机，搅拌（　　）。

4. 用混凝土（　　）泵送混凝土。

第19课
Урок 19

Jiāozhù hùnníngtǔ
浇筑混凝土
Бетонирование

复习　Повторение

朗读下列词语。Прочитайте следующие слова.

运输	外加剂	计算重量
确定配合比	搅拌均匀	用输送泵泵送

热身　Разминка

选择正确的图片。Выберите правильную картинку.

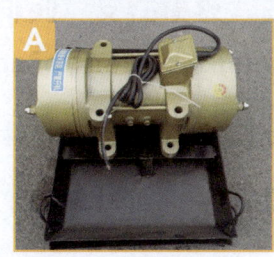

	bùliàojī		
❶	布料机	Бетонораздаточная стрела, распределитель бетона	( )
❷	zhèndòngbàng 振动棒	Вибрационная палка	( )
❸	zhèndǎoqì 振捣器	Вибратор	( )
❹	mǒguāngjī 抹光机	Затирочная машина	( )
❺	sǎshuǐ yǎnghù 洒水 养护	Выдержка распылением	( )
❻	fēnbù hùnníngtǔ 分布 混凝土	Распределять бетон	( )

学习生词 Изучите новые слова 🎧 19-01

1	现场	xiànchǎng	сущ.	Площадка
2	应该	yīnggāi	мод.гл.	Следует, должен
3	立即	lìjí	нареч.	Немедленно
4	而且	érqiě	с.	И, к тому же, а также
5	连续	liánxù	нареч.	Непрерывно
6	布料机	bùliàojī	сущ.	Бетонораздаточная стрела, распределитель бетона

7	布料杆	bùliàogān	*сущ.*	Распределительный стержень
8	分布	fēnbù	*гл.*	Распределять
9	振动棒	zhèndòngbàng	*сущ.*	Вибрационная палка
10	振捣器	zhèndǎoqì	*сущ.*	Вибрационная игла
11	振捣	zhèndǎo	*гл.*	Вибрировать
12	抹光机	mǒguāngjī	*сущ.*	Затирочная машина
13	抹光	mǒguāng	*словосоч.*	Затирать, шлифовать
14	洒水养护	sǎshuǐ yǎnghù	*словосоч.*	Выдержать распылением

词汇练习 Упражнения (лексика)

1. 看图选词。Посмотрите на картинки и выберите слова.

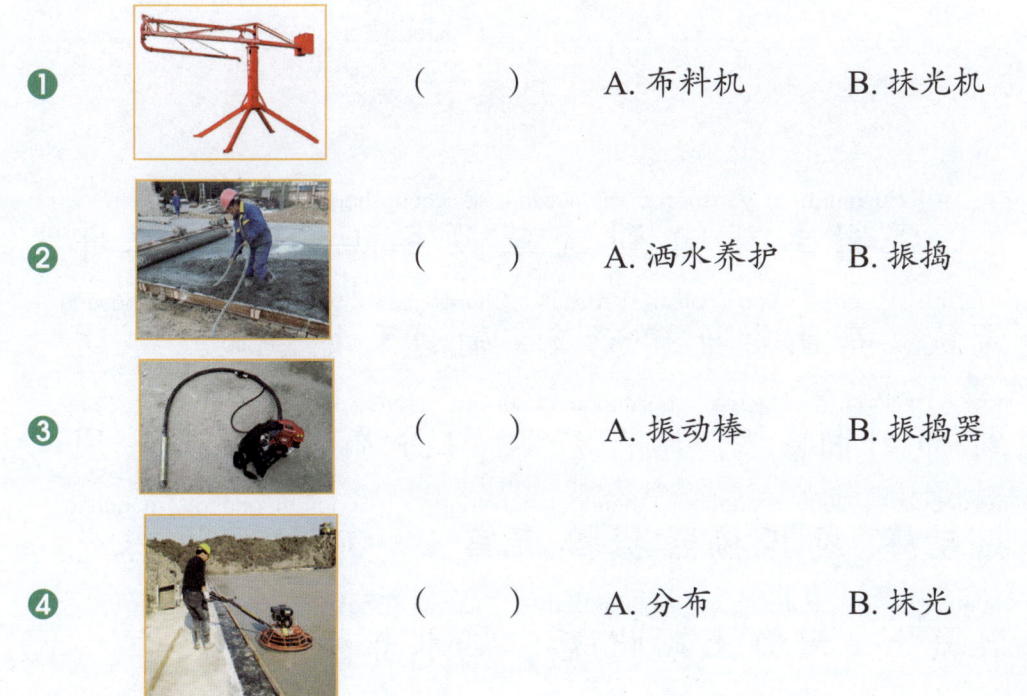

❶ ( ) A. 布料机   B. 抹光机

❷ ( ) A. 洒水养护   B. 振捣

❸ ( ) A. 振动棒   B. 振捣器

❹ ( ) A. 分布   B. 抹光

2. 朗读词语搭配。Прочитайте коллокации (словосочетания).

	jiāozhù ❶ 浇筑	lìjí jiāozhù 立即 浇筑		jiāozhù hùnníngtǔ 浇筑 混凝土
		liánxù jiāozhù 连续 浇筑	hùnníngtǔ ❷ 混凝土	fēnbù hùnníngtǔ 分布 混凝土
				zhèndǎo hùnníngtǔ 振捣 混凝土
				sǎshuǐ yǎnghù hùnníngtǔ 洒水 养护 混凝土

学习课文 Изучите текст 🎧 19-02

Jiāozhù hùnníngtǔ
浇筑混凝土

Hùnníngtǔ yùnshū dào jiāozhù xiànchǎng hòu, yīnggāi lìjí jiāozhù, érqiě yào liánxù jiāozhù. Shūsòngbèng bǎ hùnníngtǔ bèngsòng dào bùliàojī, yòng bùliàogān jūnyún fēnbù hùnníngtǔ. Yòng zhèndòngbàng huò zhèndǎoqì zhèndǎo hùnníngtǔ. Yòng mǒguāngjī mǒguāng hùnníngtǔ. Hùnníngtǔ yìnghuà hòu, sǎshuǐ yǎnghù.

混凝土运输到浇筑现场后，应该立即浇筑，而且要连续浇筑。输送泵把混凝土泵送到布料机，用布料杆均匀分布混凝土。用振动棒或振捣器振捣混凝土。用抹光机抹光混凝土。混凝土硬化后，洒水养护。

第 19 课 | 浇筑混凝土

Бетонирование

После доставки бетона на строительную площадку необходимо сразу же приступить к заливке, причем заливку следует производить непрерывно. Бетононасос подает бетон к распределителю, с помощью которого бетон равномерно распределяется. Для уплотнения бетона используют глубинные вибраторы или виброрейки. Для выравнивания поверхности бетона используют затирочные машины. После затвердевания бетона необходимо обеспечить уход за ним, поливая водой.

课文练习 Работа с текстом

1. 选词填空。Заполните пропуски подходящим по смыслу вариантом.

A. 输送泵 B. 硬化 C. 振动棒 D. 布料杆 E. 现场 F. 立即

1 混凝土运送到浇筑（　　）后，应该（　　）浇筑。

2 （　　）把混凝土泵送到布料机。

3 用（　　）均匀分布混凝土。

4 用（　　）振捣混凝土。

5 混凝土（　　）后，洒水养护。

2. 根据提示词，完成句子。Используя предоставленные ниже слова, восстановите смысл предложения.

1 运输　　现场　　立即　　连续

2 输送泵　泵送　布料杆　分布

　　_____。

3 用　或　振捣

　　_____。

4 硬化　洒水养护

　　_____。

学习语法 Грамматика

 语法点 1　Грамматический комментарий 1

能愿动词：应该　　Модальный глагол：应该

表示理所当然。

Выражает долженствование, необходимость.

1 　Hùnníngtǔ yùnsòng dào jiāozhù xiànchǎng hòu, yīnggāi lìjí jiāozhù.
　混凝土 运送 到 浇筑 现场 后，应该 立即 浇筑。
　После транспортировки бетона на площадку следует немедленно залить бетон.

2 　Nǐ yīnggāi zài gāngjīn jiāgōngpéng li jiāgōng gāngjīn.
　你 应该 在 钢筋 加工棚 里 加工 钢筋。
　Обрабатывать арматуру следует в навесе для обработки арматуры.

3 　Jīchǔ de zòngxiàng gāngjīn hé héngxiàng gāngjīn yīnggāi bǎngzā zài yìqǐ.
　基础 的 纵向 钢筋 和 横向 钢筋 应该 绑扎 在一起。
　В ангаре для обработки арматуры выпрямите стержни с помощью правильного станка.

第 19 课 ｜ 浇筑混凝土

语法点 1 练习　Упражнение 1 (грамматика)

连词成句。Составьте предложения, используя предоставленные слова.

1. ①混凝土　②浇筑混凝土　③后　④应该　⑤运输到　⑥立即　⑦浇筑现场

　　_____。

2. ①应该　②建筑工地　③安全防护　④进入　⑤做好

　　_____。

3. ①施工现场　②安全帽　③进入　④应该　⑤戴上

　　_____。

4. ①硬化　②应该　③洒水养护　④混凝土　⑤后

　　_____。

语法点 2　Грамматический комментарий 2

连词：而且　Союз: 而且

表示递进关系。
Обозначает добавление, усиление мысли.

1. Yīnggāi lìjí jiāozhù hùnníngtǔ, érqiě yào liánxù jiāozhù.
   应该 立即 浇筑 混凝土，而且 要 连续 浇筑。
   Необходимо сразу же приступить к заливке, причем заливку следует производить непрерывно.

2. Cèliáng jīkēng kāiwā fànwéi, érqiě yào cèliáng kāiwā shēndù.
   测量 基坑 开挖 范围，而且 要 测量 开挖 深度。
   Необходимо измерить площадь выемки котлована, а также измерить глубину выемки.

3. Hùnníngtǔ yào jiāozhù jūnyún, érqiě yào zhèndǎo.
   混凝土 要 浇筑 均匀，而且 要 振捣。
   Бетон нужно заливать равномерно и обязательно уплотнять с помощью вибрации.

语法点2练习 Упражнение 2 (грамматика)

为"而且"选择适当的位置。Поставьте "而且" в подходящее место в предложении.

1. 基坑 A 开挖前，B 要测量基坑开挖范围，C 要测量开挖深度。（　　）
2. 把材料 A 装入 B 混凝土搅拌机，C 要搅拌均匀。（　　）
3. 用对拉螺栓加固 A 柱模板，B 要清理 C 柱模板底部。（　　）
4. 用振捣器 A 振捣混凝土，B 要把混凝土 C 抹光。（　　）

汉字书写 Практика написания китайских иероглифов

jīn
巾　巾 巾 巾
巾　巾 巾 巾 巾

bì
币　币 币 币 币
币　币 币 币 币

bù
布　布 布 布 布 布
布　布 布 布 布

shì
市　市 市 市 市 市
市　市 市 市 市

第19课 | 浇筑混凝土

文化拓展 Культурный экскурс

WeChat

WeChat — это бесплатное приложение, разработанное компанией Tencent Holdings и запущенное в январе 2011 года для обмена мгновенными сообщениями на смарт-устройствах. К 2022 году количество пользователей WeChat по всему миру превысило 1,2 миллиарда. Приложение предлагает широкий спектр функций, включая: чат; «круг друзей» (социальная сеть); оплату через WeChat; официальные аккаунты; использование мини-программ; управление пакетами эмодзи; видеоаккаунт; звонки через WeChat; сканирование QR-кодов. В эпоху интернета WeChat значительно упростил рабочие и повседневные задачи, предоставив пользователям удобные и многофункциональные инструменты для общения и взаимодействия.

小结 Закрепление материала

 词语 Лексика

朗读下列词语。**Прочитайте следующие слова.**

| 现场 | 应该 | 立即 | 而且 | 连续 |
| 布料机 | 分布 | 振捣 | 抹光机 | 洒水养护 |

语法 Грамматика

朗读下列句子。Прочитайте следующие предложения.

1. 混凝土运送到浇筑现场后,应该立即浇筑。
2. 你应该在钢筋加工棚里加工钢筋。
3. 应该立即浇筑混凝土,而且要连续浇筑。
4. 混凝土要浇筑均匀,而且要振捣。

课文理解 Работа с текстом

选词填空。Заполните пропуски подходящим по смыслу вариантом.

| A. 洒水养护　　B. 而且　　C. 布料机　　D. 应该　　E. 抹光机 |

1. (　　)立即浇筑混凝土,(　　)要连续浇筑。
2. 输送泵把混凝土泵送到(　　)。
3. 用(　　)抹光混凝土。
4. 混凝土硬化后,(　　)。

第20课 制作钢梁
Урок 20 — Zhìzuò gāngliáng — Изготовление стальных балок

复习 Повторение

朗读下列词语。Прочитайте следующие слова.

现场	立即	连续	应该
振捣混凝土	均匀分布	硬化后	洒水养护

热身 Разминка

选择正确的图片。Выберите правильную картинку.

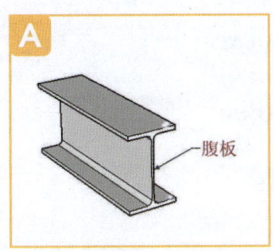
A — 腹板

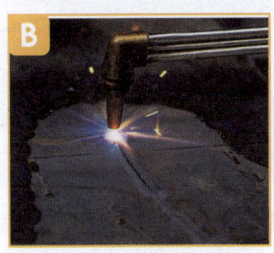
B

C

 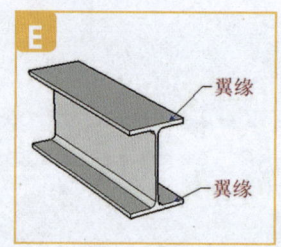 

1. 刷漆 (shuāqī) — Красить ( )
2. 厚度 (hòudù) — Толщина ( )
3. 翼缘 (yìyuán) — Полка ( )
4. 腹板 (fùbǎn) — Стенка ( )
5. 加劲肋 (jiājìnlèi) — Ребро жесткости ( )
6. 切割 (qiēgē) — Резать ( )

 ## 学习生词 Изучите новые слова  20-01

№	汉字	Pinyin	Часть речи	Перевод
1	步骤	bùzhòu	сущ.	Шаг, этап
2	包括	bāokuò	гл.	Включать
3	选择	xuǎnzé	гл.	Выбирать
4	要求	yāoqiú	гл.	Требовать
5	厚度	hòudù	сущ.	Толщина
6	切割	qiēgē	гл.	Резать

7	翼缘	yìyuán	*сущ.*	Полка
8	腹板	fùbǎn	*сущ.*	Стенка
9	加劲肋	jiājìnlèi	*сущ.*	Ребро жесткости
10	出来	chulai	*гл.*	Вывести, на выходе
11	矫直	jiǎozhí	*гл.*	Выправлять
12	并	bìng	*с.*	И
13	打孔	dǎkǒng	*гл.*	Пробивать отверстие
14	一起	yìqǐ	*сущ.*	Вместе
15	刷漆	shuāqī	*гл.*	Красить

词汇练习 Упражнения (лексика)

1. 看图认读词语。 Посмотрите на рисунки и прочитайте слова.

qiēgē
切割

hòudù
厚度

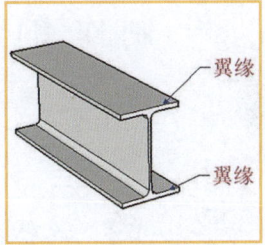
yìyuán
翼缘

dǎkǒng
打孔

jiājìnlèi
加劲肋

shuāqī
刷漆

2. 朗读词语搭配。 Прочитайте коллокации (словосочетания).

❶ gāngbǎn 钢板	xuǎnzé gāngbǎn 选择 钢板	❷ gāngliáng 钢梁	zhìzuò gāngliáng 制作 钢梁
	qiēgē gāngbǎn 切割 钢板		pīnzhuāng gāngliáng 拼装 钢梁
	jiāgōng gāngbǎn 加工 钢板		hànjiē gāngliáng 焊接 钢梁

 学习课文 Изучите текст 🎧 20-02

Zhìzuò gāngliáng
制作 钢梁

Zhìzuò gāngliáng de bùzhòu bāokuò:
制作 钢梁 的 步骤 包括：

Xuǎnzé gāngbǎn. Xuǎnzé túzhǐ yāoqiú de qiángdù hé hòudù de gāngbǎn.
1. 选择 钢板。选择 图纸 要求 的 强度 和 厚度的 钢板。

Qiēgē gāngbǎn. Bǎ gāngliáng de yìyuán、fùbǎn hé jiājìnlèi děng qiēgē chulai.
2. 切割钢板。把钢梁的翼缘、腹板和加劲肋等 切割出来。

Jiāgōng gāngbǎn. Bǎ gāngbǎn jiǎozhí bìng dǎkǒng.
3. 加工 钢板。把钢板 矫直 并 打孔。

Pīnzhuāng gāngliáng. Bǎ yìyuán、fùbǎn hé jiājìnlèi děng
4. 拼装 钢梁。把翼缘、腹板和加劲肋等

第 20 课 ｜ 制作钢梁

hànjiē zài yìqǐ.

焊接在一起。

  Duì gāngliáng chúxiù bìng shuāqī.

5. 对 钢梁 除锈 并 刷漆。

Изготовление стальных балок

Этапы изготовления стальных балок включают:

1. Выбор стальных листов: подбираются стальные листы с необходимыми показателями прочности и толщины в соответствии с требованиями чертежей.

2. Резка стальных листов: производится вырезка элементов балки, таких как полки (фланцы), стенки и рёбра жёсткости.

3. Обработка стальных листов: листы выпрямляются, а также в них создаются отверстия в соответствии с проектной документацией.

4. Сборка стальной балки: полки (фланцы), стенки и рёбра жёсткости соединяются посредством сварки для формирования единой конструкции.

5. Готовая стальная балка очищается от ржавчины, после чего наносится слой защитной краски.

课文练习　Работа с текстом

1. 选择填空。 Заполните пропуски подходящим по смыслу вариантом.

 ❶ 选择图纸（　　　）的强度和（　　　）的钢板。

  A. 步骤　　　　B. 厚度　　　　C. 腹板　　　　D. 要求

 ❷ 把钢板的（　　　）、腹板和加劲肋等（　　　）出来。

  A. 矫直　　　　B. 选择　　　　C. 翼缘　　　　D. 切割

3 把钢板（　　）并（　　）。

　　A. 打孔　　　B. 选择　　　C. 矫直　　　D. 切割

4 对钢梁（　　）并（　　）。

　　A. 焊接　　　B. 刷漆　　　C. 拼装　　　D. 除锈

2. 排列"制作钢梁"的施工顺序。Восстановите порядок технологических операций при "изготовлении стальных балок".

①钢梁除锈　②切割钢板　③刷漆　④选择钢板　⑤拼装钢梁　⑥加工钢板

学习语法　Грамматика

语法点 1　Грамматический комментарий 1

动词：包括　　Глагол: 包括

表示包含，用于列举各部分。

Конструкция используется для перечисления составных частей чего-либо.

1　Zhìzuò gāngliáng bāokuò 5 gè bùzhòu.
　制作 钢梁 包括 5 个 步骤。
　Изготовление стальной балки включает 5 этапов.

2　Tǔfāng kāiwā de shīgōng jīxiè bāokuò tuītǔjī, wātǔjī hé yùntǔchē.
　土方 开挖 的 施工 机械 包括 推土机、挖土机 和 运土车。
　Строительная техника для земляных работ включает бульдозеры, экскаваторы и самосвалы.

3　Jiànzhù gōngdì bāokuò shēngchǎnqū, bàngōngqū hé shēnghuóqū.
　建筑 工地 包括 生产区、办公区 和 生活区。
　Строительная площадка включает производственную, офисную и жилую зону.

语法点 1 练习 Упражнение 1 (грамматика)

为"包括"选择适当的位置。Поставьте "包括" в нужное место в предложении.

1. A 砌筑砌体的材料 B 砖、砌块和砂浆 C 等。   (   )
2. A 钢构件 B 钢梁、钢柱 C 等。   (   )
3. A 防水方法 B 卷材防水和 C 涂膜防水等。   (   )
4. A 模板 B 木模板、钢模板 C 和专用模板等。   (   )

语法点 2 Грамматический комментарий 2

动词 + 出来   Глагол + 出来

"出来"用在动词后,表达动作完成或实现。

"出来" ставится после глагола и указывает на завершённость действия, достижение результата, проявление или появление чего-либо.

1. Bǎ gāngliáng de yìyuán、fùbǎn hé jiājìnlèi děng qiēgē chulai.
   把 钢梁 的 翼缘、腹板 和 加劲肋 等 切割 出来。
   Вырезать полки, стенки и ребра жесткости стальных балок.

2. Jīntiān yào bǎ gāngliáng zhìzuò chulai.
   今天要把 钢梁 制作 出来。Сегодня нужно изготовить стальную балку.

3. Qǐng nǐ bǎ túzhǐ shèjì chulai.
   请你把图纸 设计 出来。Пожалуйста, разработайте чертежи.

语法点 2 练习 Упражнение 2 (грамматика)

连词成句。Составьте предложения, используя предоставленные слова.

1. ①钢梁的翼缘   ②加劲肋   ③出来   ④把   ⑤切割   ⑥和

_____

2　①把　②做　③今天　④作业　⑤出来　⑥要

　　_____。

3　①图纸　②出来　③请　④设计　⑤把　⑥你

　　_____。

4　①拌制　②要　③混凝土　④把　⑤出来　⑥今天

　　_____。

 汉字书写　Практика написания китайских иероглифов

 **职业拓展** Строительство: взгляд изнутри

Управление рисками в строительстве

Управление рисками в строительстве включает в себя выявление и контроль различных рисков в процессе строительства. На строительные работы влияют многочисленные факторы, что приводит к возникновению рисков, связанных с безопасностью, качеством и ходом работ. Необходимо заранее оценить потенциальные проблемы и разработать планы реагирования. Тщательный мониторинг каждого этапа строительного процесса необходим для своевременного устранения любых скрытых опасностей. Эффективное управление рисками позволяет свести к минимуму количество несчастных случаев и обеспечить успешное завершение строительного проекта.

 **小结** Закрепление материала

朗读下列词语。**Прочитайте следующие слова.**

包括	步骤	选择	厚度	切割
翼缘	腹板	加劲肋	矫直	刷漆

语法 Грамматика

朗读下列句子。Прочитайте следующие предложения.

1. 制作钢梁包括5个步骤。
2. 建筑工地包括生产区、办公区和生活区。
3. 把钢梁的翼缘、腹板和加劲肋等切割出来。
4. 请你把图纸设计出来。

课文理解 Работа с текстом

连词成句。Составьте предложения, используя предоставленные слова.

1. ①要求的　②强度　③的　④图纸　⑤厚度　⑥选择　⑦钢板　⑧和

   _____。

2. ①矫直　②并　③钢板　④把　⑤打孔

   _____。

3. ①等　②翼缘　③切割　④出来　⑤钢梁的　⑥把　⑦和　⑧加劲肋　⑨腹板

   _____。

4. ①钢梁　②对　③除锈　④刷漆　⑤并

   _____。

第21课 / Урок 21

焊接钢屋架
Hànjiē gāngwūjià
Сварка стальных ферм

复习 Повторение

朗读下列词语。Прочитайте следующие слова.

| 选择 | 要求 | 翼缘 | 切割 |
| 在一起 | 制作步骤 | 矫直并打孔 | 除锈并刷漆 |

热身 Разминка

选择正确的图片。Выберите правильную картинку.

	gāngwūjià		
❶	钢屋架	Стальная стропильная ферма	( )
❷	xiàxián 下弦	Нижний пояс	( )
❸	fùgān 腹杆	Элемент решетки фермы	( )
❹	diànhúhàn 电弧焊	Дуговая электросварка	( )
❺	hànfèng 焊缝	Сварной шов	( )
❻	hànzhā 焊渣	Сварочный шлак	( )

学习生词 Изучите новые слова 🎧 21-01

1	钢屋架	gāngwūjià	*сущ.*	Стальная стропильная ферма
	屋架	wūjià	*сущ.*	Стропильная ферма
2	下弦	xiàxián	*сущ.*	Нижний пояс
3	上弦	shàngxián	*сущ.*	Верхний пояс
4	腹杆	fùgān	*сущ.*	Элемент решетки
5	连接板	liánjiēbǎn	*сущ.*	Соединительная плита
6	电弧焊	diànhúhàn	*сущ.*	Дуговая сварка

第 21 课 | 焊接钢屋架

7	如下	rúxià	гл.	Приводится ниже, следующее
8	焊件	hànjiàn	сущ.	Сварочные детали
9	施焊	shīhàn	гл.	Накладывать сварной шов
10	除……外，还……	chú…wài, hái…		Кроме... , еще... / Помимо..., также...
11	保证	bǎozhèng	гл.	Обеспечить, гарантировать
12	焊缝	hànfèng	сущ.	Сварной шов
13	质量	zhìliàng	сущ.	Качество
14	变形	biàn//xíng	гл.	Деформировать
15	焊渣	hànzhā	сущ.	Сварочный шлак

词汇练习　Упражнения (лексика)

1. 看图选词。Посмотрите на картинки и выберите слова.

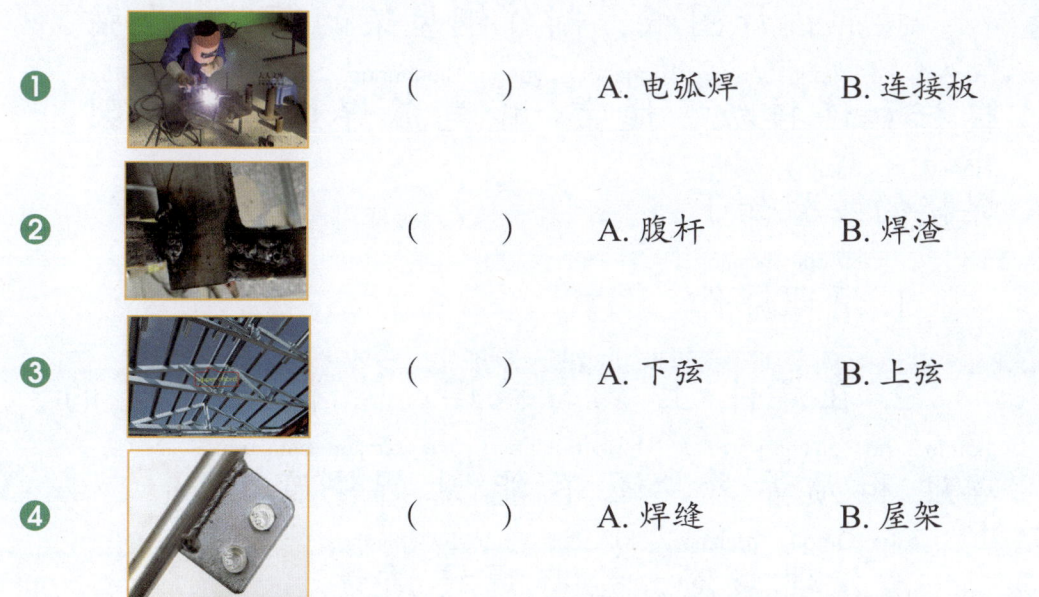

❶ （　） A. 电弧焊　　B. 连接板

❷ （　） A. 腹杆　　　B. 焊渣

❸ （　） A. 下弦　　　B. 上弦

❹ （　） A. 焊缝　　　B. 屋架

2. 词语连线。 Составьте словосочетания.

清理　　　　　　　施焊

检查　　　　　　　焊渣

焊接　　　　　　　变形

均匀　　　　　　　钢屋架

焊件　　　　　　　质量

 **学习课文**　Изучите текст　🎧 21-02

焊接钢屋架
Hànjiē gāngwūjià

Ànzhào shèjì túzhǐ, zhìzuò gāngwūjià de xiàxián、shàngxián、
按照设计图纸，制作钢屋架的下弦、上弦、
fùgān hé liánjiēbǎn. Tōngcháng yòng diànhúhàn hànjiē gāngwūjià.
腹杆和连接板。通常用电弧焊焊接钢屋架。
Hànjiē de bùzhòu rúxià:
焊接的步骤如下：

　　Qīnglǐ hànjiàn.
1. 清理焊件。

　　Zài hànjiàn shang jūnyún shīhàn. Chú bǎozhèng hànfèng de
2. 在焊件上均匀施焊。除保证焊缝的
hòudù hé zhìliàng wài, hái bù néng ràng hànjiàn biànxíng.
厚度和质量外，还不能让焊件变形。

　　Qīnglǐ hànzhā, jiǎnchá hànjiē zhìliàng.
3. 清理焊渣，检查焊接质量。

Сварка стальных ферм

Процесс изготовления стальных ферм в соответствии с проектными чертежами включает следующие элементы: нижний пояс, верхний пояс, раскосы и соединительные пластины. Для сварки стальных ферм обычно используется дуговая сварка. Этапы сварочного процесса:

1. Очистка свариваемых поверхностей.

2. Равномерное нанесение сварочного шва на свариваемые детали. Особое внимание уделяется обеспечению необходимой толщины и качества сварного шва, а также предотвращению деформации деталей.

3. Удаление сварочного шлака тщательная проверка качества сварки для выявления возможных дефектов.

课文练习 Работа с текстом

1. 选择填空。Заполните пропуски подходящим по смыслу вариантом.

① 按照设计图纸，制作钢屋架的（　　）、上弦、（　　）和连接板。

　　A. 下弦　　　B. 焊缝　　　C. 焊件　　　D. 腹杆

② 通常用（　　）焊接钢屋架。

　　A. 螺栓　　　B. 电弧焊　　C. 套筒　　　D. 切割

③ 除（　　）焊缝的厚度和（　　）外，还不能让焊件（　　）。

　　A. 变形　　　B. 质量　　　C. 焊缝　　　D. 保证

④ 焊接钢屋架时要均匀（　　）。

　　A. 焊缝　　　B. 变形　　　C. 清理　　　D. 施焊

2. 排列"焊接钢屋架"的施工顺序。Восстановите порядок выполнения работ по "сварке стальных стропильных ферм".

①均匀施焊　②检查焊缝质量　③清理焊件　④清理焊渣

⑤制作钢屋架的下弦、上弦等

_____

学习语法 Грамматика

 语法点 1 Грамматический комментарий 1

除……外，还……

表示在某物之外，还有别的。

Указывает на существование дополнительного аспекта помимо уже упомянутого.

① Chú bǎozhèng hànfèng de hòudù hé zhìliàng wài, hái bù néng ràng hànjiàn biànxíng.
除 保证 焊缝的 厚度和 质量外，还不能 让 焊件 变形。
Кроме обеспечения толщины и качества сварных швов, не допускается деформация сварочных деталей.

② Jiànzhù gōngdì chú yǒu tǎdiào wài, hái yǒu gāngjīn hé shuǐní.
建筑工地除有塔吊外，还有钢筋和水泥。
Кроме башенного крана, на строительной площадке есть арматура и цемент.

③ Jìnrù jiànzhù gōngdì, chú dài ānquánmào wài, hái yào chuān gōngzuòfú.
进入 建筑工地，除戴 安全帽外，还要 穿 工作服。
При входе на строительную площадку, помимо ношения каски, необходимо также надевать спецодежду.

语法点 1 练习 Упражнение 1 (грамматика)

用"除……外，还……"改写句子。Составьте предложения, используя "除……外，还……".

1. 建筑工地有生产区，建筑工地有办公区和生活区。
   _____。

2. 砌筑砖墙需要砖和砂浆，砌筑砖墙需要砂浆搅拌机。
   _____。

3. 制作钢筋混凝土构件需要绑扎钢筋，需要支模板和浇筑混凝土。
   _____。

4. 浇筑混凝土板后，要抹光混凝土，要洒水养护。
   _____。

语法点 2 Грамматический комментарий 2

动词：如下　Глагол：如下

表示如同下面所列举或叙述的。常用结构为：名词 + 如下、动词 + 如下 + 名词。

Используется для введения перечисления или описания. Часто употребляемая структура: существительное + 如下, глагол + 如下 + существительное.

1. Hànjiē de bùzhòu rúxià: …
   焊接 的 步骤 如下：……　Этапы сварки следующие…

2. Zhìzuò gāngliáng yòng rúxià fāngfǎ: …
   制作 钢梁 用 如下 方法：……
   Для изготовления стальных балок применяются следующие методы:…

3. Bǎngzā gāngjīn de bùzhòu rúxià: …
   绑扎 钢筋 的 步骤 如下：……　Этапы вязки арматуры следующие…

语法点2练习 Упражнение 2 (грамматика)

连词成句。Составьте предложения, используя предоставленные слова.

1 ①如下　②钢屋架　③步骤　④的　⑤焊接

　_____。

2 ①包括　②制作　③如下　④步骤　⑤钢梁

　_____。

3 ①的　②如下　③独立基础　④步骤　⑤制作

　_____。

4 ①钢构件　②如下　③方法　④的　⑤连接

　_____。

 汉字书写　Практика написания китайских иероглифов

wǔ　午　午　午　午
午　午　午　午　午

niú　牛　牛　牛　牛
牛　牛　牛　牛　牛

jiàn　件　件　件　件　件
件　件　件　件　件

láo　牢　牢　牢　牢　牢　牢
牢　牢　牢　牢　牢

 **文化拓展** Культурный экскурс

Птичье гнездо

Птичье гнездо — уникальный стадион, расположенный в Олимпийском парке Пекина. Его форма напоминает гигантское птичье гнездо, что и дало ему это оригинальное название. Стадион построен с использованием передовой тонкой стальной конструкции, а его  архитектурный дизайн отличается инновациями и смелыми решениями. Здесь состоялась церемония открытия Олимпийских игр 2008 года, что сделало Птичье гнездо всемирно известным объектом. Сегодня стадион является многоцелевым сооружением, где проводятся масштабные мероприятия различного характера. Птичье гнездо считается выдающимся примером современной китайской архитектуры и символом национального мастерства.

 **小结** Закрепление материала

 词语 Лексика

朗读下列词语。**Прочитайте следующие слова.**

| 钢屋架 | 焊缝 | 如下 | 电弧焊 | 腹杆 |
| 上弦 | 保证 | 变形 | 质量 | 焊渣 |

语法 Грамматика

朗读下列句子。Прочитайте следующие предложения.

1. 除保证焊缝的厚度和质量外,还不能让焊件变形。
2. 建筑工地除有塔吊外,还有钢筋和水泥。
3. 焊接的步骤如下:……
4. 制作钢梁用如下方法:……

课文理解 Работа с текстом

利用提示词复述课文句子。Используя предоставленные ниже слова, восстановите предложения из текста.

1. 按照 图纸 制作 下弦 腹杆
2. 通常 电弧焊 钢屋架
3. 焊件 施焊
4. 清理 检查 质量

第22课 Урок 22

Diàozhuāng gāngwūmiàn
吊装钢屋面
Монтаж стальной кровли

 **复习** Повторение

朗读下列词语。Прочитайте следующие слова.

下弦	腹杆	电弧焊	连接板
均匀施焊	保证质量	焊件变形	焊缝的厚度

 **热身** Разминка

选择正确的图片。Выберите правильную картинку.

A

B

C

	diàosuǒ			
❶	吊索	Строп	(	)
❷	duìchèn 对称	Симметрия	(	)
❸	qǐzhòngjī 起重机	Подъемный кран	(	)
❹	yánkǒu 檐口	Свес кровли	(	)
❺	wūjǐ 屋脊	Гребень	(	)
❻	zhùdǐng 柱顶	Оголовок колонны, верх колонны	(	)

学习生词 Изучите новые слова  22-01

1	吊装	diàozhuāng	гл.	Поднимать
2	部分	bùfen	сущ.	Часть
3	时	shí	сущ.	Когда/при ....
4	利用	lìyòng	гл.	Используется
5	起重机	qǐzhòngjī	сущ.	Подъемный кран
6	扶直	fúzhí	словосоч.	Поддерживать, устанавливать (вертикально)
7	吊索	diàosuǒ	сущ.	Строп

第 22 课 | 吊装钢屋面

8	对称	duìchèn	*прил.*	Симметричный
9	吊起	diàoqǐ	*словосоч.*	Подвесить
10	柱顶	zhùdǐng	*сущ.*	Оголовок колонны, верх колонны
11	固定	gùdìng	*гл.*	Закреплять
12	檐口	yánkǒu	*сущ.*	Свес кровли
13	向	xiàng	*предл.*	До, на, к
14	屋脊	wūjǐ	*сущ.*	Гребень крыши
15	就位	jiùwèi	*гл.*	Устанавливать на место, располагать

词汇练习 Упражнения (лексика)

1. 看图选词。Посмотрите на картинки и выберите слова.

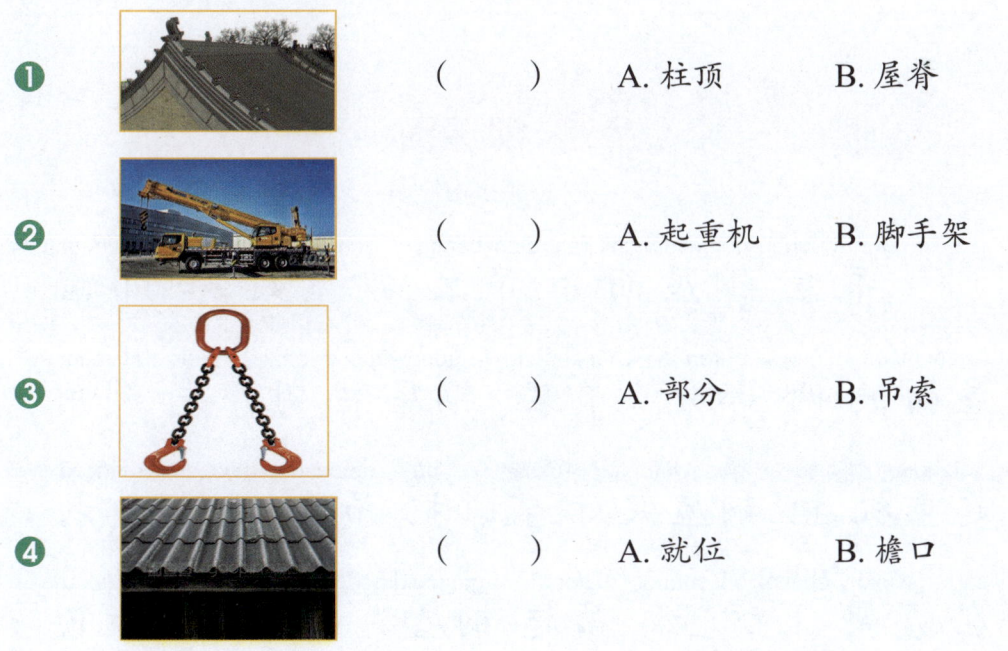

❶ ( ) A. 柱顶　　B. 屋脊

❷ ( ) A. 起重机　　B. 脚手架

❸ ( ) A. 部分　　B. 吊索

❹ ( ) A. 就位　　B. 檐口

2. 朗读词语搭配。Прочитайте коллокации (словосочетания).

① diàozhuāng 吊装	diàozhuāng gāngwūmiàn 吊装 钢屋面	③ gāngwūjià 钢屋架	fúzhí gāngwūjià 扶直 钢屋架
	diàozhuāng gāngwūjià 吊装 钢屋架		bǎngzā gāngwūjià 绑扎 钢屋架
	diàozhuāng wūmiànbǎn 吊装 屋面板		diàoqǐ gāngwūjià 吊起 钢屋架
② duìchèn 对称	duìchèn bǎngzā 对称 绑扎		jiàozhèng gāngwūjià 校正 钢屋架
	duìchèn diàozhuāng 对称 吊装		gùdìng gāngwūjià 固定 钢屋架

学习课文 Изучите текст 🎧 22-02

Diàozhuāng gāngwūmiàn
吊装 钢屋面

Diàozhuāng gāngwūmiàn fēn diàozhuāng gāngwūjià hé diàozhuāng
吊装 钢屋面 分 吊装 钢屋架 和 吊装

wūmiànbǎn liǎng bùfen. Diàozhuāng gāngwūjià shí, xiān lìyòng
屋面板 两 部分。吊装 钢屋架 时，先 利用

qǐzhòngjī bǎ gāngwūjià fúzhí, bǎ diàosuǒ duìchèn bǎngzā
起重机 把 钢屋架 扶直，把 吊索 对称 绑扎

zài wūjià shàngxián shang. Diàoqǐ gāngwūjià bìng fàng zài zhùdǐng
在 屋架 上弦 上。吊起 钢屋架 并 放 在 柱顶

shang, zuìhòu jiàozhèng bìng gùdìng gāngwūjià. Diàozhuāng wūmiànbǎn
上，最后 校正 并 固定 钢屋架。吊装 屋面板
shí, wūmiànbǎn yīnggāi cóng yánkǒu xiàng wūjǐ duìchèn diàozhuāng,
时，屋面板 应该 从 檐口 向 屋脊 对称 吊装，
wūmiànbǎn jiùwèi hòu, lìjí hànjiē gùdìng.
屋面板 就位 后，立即 焊接 固定。

Монтаж стальной кровли

Монтаж стальной кровли делится на две части: монтаж стальных ферм и монтаж кровельных панелей. При монтаже стальных ферм сначала с помощью крана выпрямляют стальную ферму, симметрично закрепляют стропы на верхнем поясе фермы. Поднимают стальную ферму и устанавливают на верхнюю часть колонны, затем окончательно выверяют и фиксируют стальную ферму. При монтаже кровельных панелей кровельные панели следует симметрично поднимать от карниза к коньку, после установки кровельных панелей на место их немедленно приваривают.

课文练习 Работа с текстом

1. 选择填空。 Заполните пропуски подходящим по смыслу вариантом.

① 吊装钢屋面分吊装（　　）和吊装屋面板两（　　）。

A. 起重机　　　B. 檐口　　　C. 部分　　　D. 钢屋架

❷ 先利用（　　）把钢屋架（　　）。

A. 钢屋架　　　B. 起重机　　　C. 固定　　　D. 扶直

❸ 吊起钢屋架并放在（　　）上。

A. 对称　　　B. 檐口　　　C. 柱顶　　　D. 吊索

❹ 屋面板应该从（　　）向（　　）对称吊装。

A. 屋脊　　　B. 立即　　　C. 就位　　　D. 檐口

2. 排列"吊装钢屋面"的施工顺序。Восстановите порядок выполнения работ по "подъему стальной кровли".

①焊接屋面板　　②把钢屋架放在柱顶上　　③扶直钢屋架

④吊装屋面板　　⑤校正并固定钢屋架　　⑥吊起钢屋架

⑦用吊索对称绑扎钢屋架

学习语法 Грамматика

语法点1　Грамматический комментарий 1

介词：向　Предлог: 向

用于引出动作的方向、目标或对象。常用结构为：向 + 名词性词语 + 动词性词语。
Используется для выражения направления, цели или объекта действия. Часто употребляемая структура: 向 + именное словосочетание + глагольное словосочетание.

> Wūmiànbǎn yīnggāi cóng yánkǒu xiàng wūjǐ duìchèn diàozhuāng.
> 1. 屋面板 应该 从 檐口 向 屋脊 对称 吊装。
> Кровельные панели следует поднимать симметрично от карниза к коньку крыши.
>
> Tā xiàng gāngjīn jiāgōngpéng zǒuqu.
> 2. 他 向 钢筋 加工棚 走去。
> Он пошёл к навесу (ангару) для обработки арматуры.
>
> Zài qiángmiàn shang cóng xià xiàng shàng zhāntiē qiángmiànzhuān.
> 3. 在 墙面 上 从 下 向 上 粘贴 墙面砖。
> На стену клейте облицовочный кирпич снизу вверх.

语法点 1 练习 Упражнение 1 (грамматика)

为"向"选择适当的位置。Поставьте "向" в нужное место в предложении.

1. 屋面板 A 应该从檐口 B 屋脊 C 对称吊装。　　　　　　　　(　　)
2. 他 A 从办公室 B 宿舍 C 走去。　　　　　　　　　　　　　(　　)
3. 砌筑砖基础 A 应该 B 从两端 C 中间砌筑。　　　　　　　　(　　)
4. 他 A 进入 B 建筑工地，C 办公室走去。　　　　　　　　　(　　)

语法点 2 Грамматический комментарий 2

> 副词：立即　Наречие: 立即
>
> 表示在很短的时间内发生某情况。
> Подчёркивает, что действие происходит в очень короткий промежуток времени после другого события.

> Wūmiànbǎn jiùwèi hòu, lìjí hànjiē gùdìng.
> 1. 屋面板 就位 后，立即 焊接 固定。
> Сразу после установки кровельной плиты на место, приварите и зафиксируйте её.
>
> Gāngwūjià fàng zài zhùdǐng shang hòu, yīnggāi lìjí gùdìng.
> 2. 钢屋架 放在 柱顶 上 后，应该 立即 固定。
> Стальная стропила размещается на вершине колонны и должна быть немедленно закреплена.
>
> Yīnggāi lìjí qīnglǐ jīchǔ li de múbǎn.
> 3. 应该 立即 清理 基础 里 的 模板。
> Опалубку из фундамента следует убрать немедленно.

语法点 2 练习　Упражнение 2 (грамматика)

连词成句。Составьте предложения, используя предоставленные слова.

1. ①后　②立即　③固定　④就位　⑤焊接　⑥屋面板

   _____。

2. ①施工现场后　②浇筑　③立即　④应该　⑤混凝土　⑥运输到

   _____。

3. ①应该　②放在　③钢屋架　④立即　⑤柱顶上后　⑥固定

   _____。

4. ①加工棚　②后　③运到　④钢筋　⑤要　⑥加工　⑦立即

   _____。

汉字书写　Практика написания китайских иероглифов

kǒu
口　口　口　口

lǚ
吕　吕　吕　吕　吕　吕

pǐn
品　品　品　品　品　品　品　品

diào
吊　吊　吊　吊　吊　吊

 **职业拓展** Строительство: взгляд изнутри

Обслуживание строительного оборудования

В процессе эксплуатации строительное оборудование неизбежно подвержено износу и возможным поломкам. Проверяйте рабочее состояние оборудования регулярно. При обнаружении каких-либо проблем немедленно прекращайте его использование. Технический персонал должен оперативно выявить причину неисправности, заменить повреждённые элементы и произвести отладку оборудования. После выполнения всех ремонтных и профилактических работ необходимо провести полное тестирование. Убедитесь, что оборудование восстановлено до нормального состояния, прежде чем вводить его обратно в эксплуатацию.

 **小结** Закрепление материала

 **Лексика**

朗读下列词语。Прочитайте следующие слова.

| 吊装 | 对称 | 部分 | 利用 | 起重机 |
| 扶直 | 固定 | 檐口 | 屋脊 | 就位 |

语法 Грамматика

朗读下列句子。Прочитайте следующие предложения.

1. 吊装屋面板时，应该从檐口向屋脊对称吊装。
2. 他走向钢筋加工棚。
3. 屋面板就位后，立即焊接固定。
4. 钢屋架放在柱顶上后，应该立即固定。

课文理解 Работа с текстом

利用提示词复述课文句子。Используя предоставленные ниже слова, восстановите предложения из текста.

1. 利用　起重机　扶直
2. 吊索　绑扎　上弦
3. 钢屋架　柱顶
4. 屋面板　立即　固定

第 23 课
Урок 23

Pūshè juǎncái fángshuǐ wūmiàn
铺设卷材防水屋面
Укладка рулонный кровли

 **复习** Повторение

朗读下列词语。Прочитайте следующие слова.

- 吊装
- 利用
- 起重机
- 就位
- 两部分
- 对称绑扎
- 柱顶上
- 从檐口向屋脊

 **热身** Разминка

选择正确的图片。Выберите правильную картинку.

  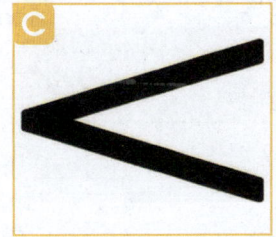

217

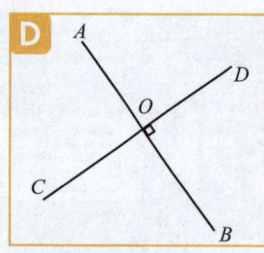 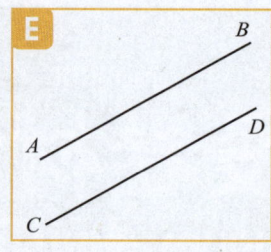 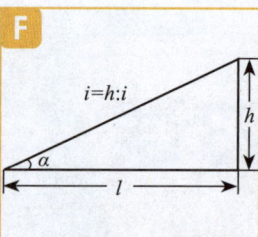

№				
❶	pōdù 坡度	Уклон	(	)
❷	mǎtízhī 玛蹄脂	Мастика	(	)
❸	dājiē 搭接	Соединение внахлестку	(	)
❹	píngxíng 平行	Параллельно	(	)
❺	chuízhí 垂直	Перпендикулярно	(	)
❻	xiǎoyú 小于	Менее	(	)

 学习生词　Изучите новые слова　🎧 23-01

1	铺设	pūshè	гл.	Укладывать
2	方向	fāngxiàng	сущ.	Направление
3	坡度	pōdù	сущ.	Уклон
4	小于	xiǎoyú	гл.	Меньше, чем
	于	yú	предл.	К, чем
5	平行	píngxíng	прил.	Параллельно

第23课 | 铺设卷材防水屋面

6	只有……，才……	zhǐyǒu…, cái…		Только….тогда
7	大于	dàyú	*гл.*	Больше, чем
8	垂直	chuízhí	*прил.*	Перпендиклярно
9	低	dī	*прил.*	Низкий
10	高	gāo	*прил.*	Высокий
11	层	céng	*сущ.*	Слой
12	相邻	xiānglín	*прил.*	Смежный, соседний
13	搭接	dājiē	*гл.*	Соединять внахлестку
14	玛蹄脂	mǎtízhī	*сущ.*	Мастика

词汇练习 Упражнения (лексика)

1. 看图选词。Посмотрите на картинки и выберите слова.

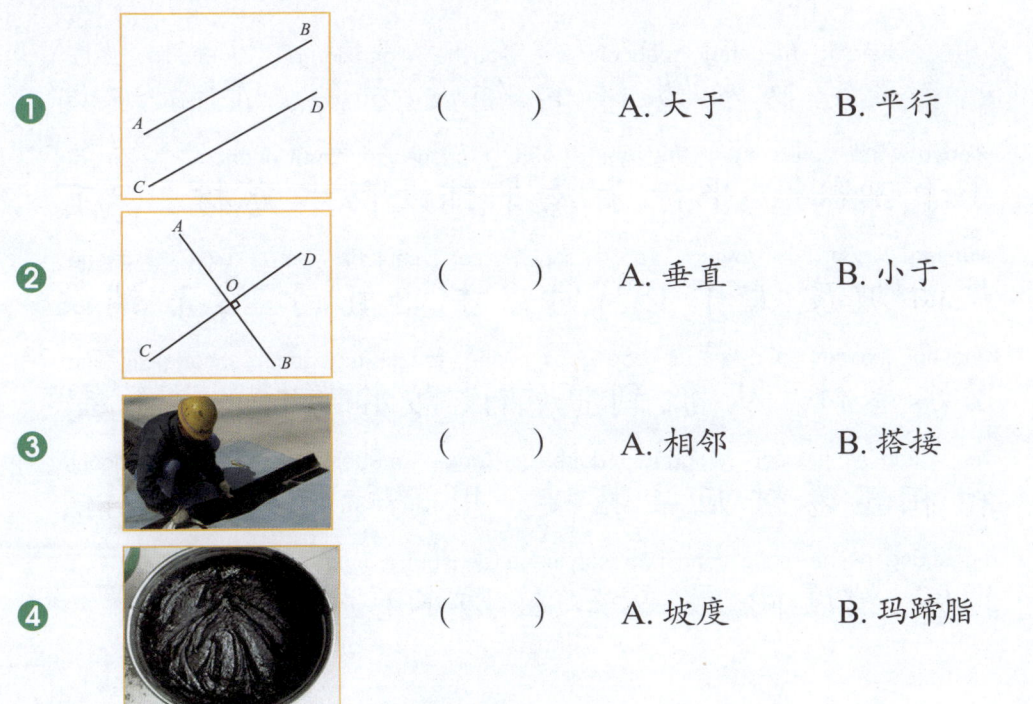

❶　(　) A. 大于　　B. 平行

❷　(　) A. 垂直　　B. 小于

❸　(　) A. 相邻　　B. 搭接

❹　(　) A. 坡度　　B. 玛蹄脂

219

2. 朗读词语搭配。Прочитайте коллокации (словосочетания).

❶ juǎncái 卷材	pūshè juǎncái 铺设 卷材	❷ yú 于	xiǎoyú 小于
	zhāntiē juǎncái 粘贴 卷材		dàyú 大于
	xiānglín juǎncái 相邻 卷材		píngxíng yú 平行 于
	shàng-xiàcéng juǎncái 上下层 卷材		chuízhí yú 垂直 于

学习课文　Изучите текст 🎧 23-02

Pūshè juǎncái fángshuǐ wūmiàn
铺设 卷材 防水 屋面

Quèdìng fángshuǐ juǎncái de pūshè fāngxiàng. Wūmiàn pōdù
确定 防水 卷材 的 铺设 方向。屋面 坡度
xiǎoyú 3% shí, píngxíng yú wūjǐ pūshè fángshuǐ juǎncái. Zhǐyǒu
小于 3% 时,平行 于 屋脊 铺设 防水 卷材。只有
wūmiàn pōdù dàyú 15% shí, cái chuízhí yú wūjǐ pūshè
屋面 坡度 大于 15% 时,才 垂直 于 屋脊 铺设
fángshuǐ juǎncái. Cóng dī dào gāo pūshè fángshuǐ juǎncái, shàng-xiàcéng
防水 卷材。从 低 到 高 铺设 防水 卷材,上下层
hé xiānglín juǎncái yīnggāi dājiē. Yòng mǎtízhī zhāntiē juǎncái,
和 相邻 卷材 应该 搭接。用 玛蹄脂 粘贴 卷材,
tōngcháng pūshè liǎng céng huò sān céng fángshuǐ juǎncái.
通常 铺设 两 层 或 三 层 防水 卷材。

Укладка рулонной гидроизоляции кровли

Определите направление укладки рулонного гидроизоляционного материала. Когда уклон кровли меньше 3%, гидроизоляционный рулонный материал укладывают параллельно коньку крыши. Только когда уклон кровли больше 15%, гидроизоляционный рулонный материал укладывают перпендикулярно коньку крыши. Укладку гидроизоляционного рулонного материала производят снизу вверх, верхний и нижний слои, а также смежные рулонные материалы должны быть уложены внахлест. Рулонный материал приклеивают мастикой, обычно укладывают два или три слоя гидроизоляционного рулонного материала.

课文练习 Работа с текстом

1. 选择填空。Заполните пропуски подходящим по смыслу вариантом.

① 屋面坡度小于3%时，（　　）屋脊铺设防水卷材。

  A. 平行于 B. 垂直于 C. 大于 D. 小于

② 只有屋面坡度大于（　　）时，才垂直于屋脊铺设防水卷材。

  A. 10% B. 15% C. 20% D. 25%

③ 铺设时，用（　　）粘贴卷材。

  A. 水泥 B. 混凝土 C. 玛蹄脂 D. 处理剂

④ 铺设卷材时，上下层和相邻卷材应该（　　）。

  A. 连接 B. 搭接 C. 粘贴 D. 安装

2. 根据课文，选择答案。Ответьте на вопросы в соответствии с текстом.

> A. 从低到高　　B. 两层或三层　　C. 玛蹄脂　　D. 上下层和相邻卷材

1. 用什么粘贴防水卷材？　　　　　　　　　　　　　（　　）
2. 如何铺设防水卷材？　　　　　　　　　　　　　　（　　）
3. 铺设卷材时，什么应该搭接？　　　　　　　　　　（　　）
4. 通常铺设几层防水卷材？　　　　　　　　　　　　（　　）

学习语法　Грамматика

语法点1　Грамматический комментарий 1

条件复句：只有……，才……
Условное сложное предложение: 只有……，才……

表示必要的、唯一的条件。
Выражает необходимое и единственное условие для выполнения какого-либо действия.

1. Zhǐyǒu wūmiàn pōdù dàyú 15% shí, cái chuízhí yú wūjǐ pūshè fángshuǐ juǎncái.
只有 屋面坡度大于15%时，才垂直于屋脊铺设 防水 卷材。
Гидроизоляционные рулонные материалы укладываются перпендикулярно коньку только если уклон кровли превышает 15%.

2. Zhǐyǒu zuòhǎo ānquán fánghù, cái kěyǐ jìnrù gōngdì.
只有 做好 安全 防护，才 可以 进入 工地。
Только если обеспечена безопасность, можно заходить на стройплощадку.

3. Zhǐyǒu wāhǎo jīkēng, cái néng zuò fábǎn jīchǔ.
只有 挖好 基坑，才 能 做 筏板 基础。
Плитный фундамент можно возводить только после разработки котлована.

第 23 课 | 铺设卷材防水屋面

语法点 1 练习　Упражнение 1 (грамматика)

用"只有……，才……"改写句子。Составьте предложения, используя "只有……，才……".

1. 混凝土有强度了，拆除模板。
   _____

2. 用吊索绑扎好钢屋架，吊起钢屋架。
   _____

3. 准备了材料和施工机械，砌筑砖基础。
   _____

4. 混凝土硬化后，洒水养护。
   _____

语法点 2　Грамматический комментарий 2

> 介词：于　Предлог: 于
>
> 用于引出对比的对象。常用结构为：形容词/动词 + 于 + 名词。
> В данном контексте используется для сравнения или указания на отношение одного объекта к другому. Часто встречается в конструкции "прилагательное/глагол + 于 + существительное".

1. Wūmiàn pōdù xiǎoyú 3% shí, píngxíng yú wūjǐ pūshè fángshuǐ juǎncái.
   屋面 坡度 小于 3% 时，平行 于 屋脊 铺设 防水 卷材。
   При уклоне кровли менее 3% гидроизоляционный рулонный материал укладывается параллельно коньку.

2. Dāng wūmiàn pōdù dàyú 15% shí, yào chuízhí yú wūjǐ pūshè fángshuǐ juǎncái.
   当 屋面 坡度大于 15% 时，要 垂直 于 屋脊 铺设 防水 卷材。
   Когда уклон кровли больше 15%, гидроизоляционный рулон укладывается перпендикулярно коньку.

3. Zòngxiàng gāngjīn yīnggāi píngxíng yú gāngjīn hùnníngtǔ liáng.
   纵向 钢筋 应该 平行 于 钢筋 混凝土 梁。
   Продольная арматура должна быть параллельн зобетонным балкам.

语法点 2 练习 Упражнение 2 (грамматика)

选词填空。Заполните пропуски подходящим по смыслу вариантом.

| A. 平行于 | B. 垂直于 | C. 大于 | D. 小于 |

1. 屋面坡度（　　）3% 时，（　　）屋脊防水卷材。
2. 屋面坡度（　　）15% 时，（　　）屋脊防水卷材。
3. 钢筋混凝土板的纵向钢筋（　　）横向钢筋。
4. 20（　　）15。

汉字书写 Практика написания китайских иероглифов

shuǐ 水 水 水 水
水 水 水 水 水

bīng 冰 冰 冰 冰 冰 冰
冰 冰 冰 冰 冰

bèng 泵 泵 泵 泵 泵 泵 泵 泵
泵 泵 泵 泵 泵

jiāng 浆 浆 浆 浆 浆 浆 浆 浆 浆
浆 浆 浆 浆 浆

文化拓展 Культурный экскурс

Праздник Весны

Праздник Весны — это традиционный китайский праздник, также известный как Новый год по лунному календарю или Китайский Новый год. Это самый важный и грандиозный фестиваль в Китае, отмечающий начало нового лунного года, который обычно приходится на январь или февраль. Праздник Весны — это время для воссоединения семей, поклонения предкам и новогодних поздравлений. Красный цвет является ключевым элементом этого праздника, символизируя благополучие и удачу. В ходе фестиваля проводятся различные мероприятия, такие как танцы драконов и львов, ярмарки цветочных фонарей и многое другое, создавая радостную и праздничную атмосферу.

小结 Закрепление материала

 词语 Лексика

朗读下列词语。**Прочитайте следующие слова.**

| 坡度 | 铺设 | 方向 | 小于 | 大于 |
| 平行 | 垂直 | 玛蹄脂 | 搭接 | 相邻 |

语法 Грамматика

朗读下列句子。**Прочитайте следующие предложения.**

1. 只有做好安全防护，才可以进入建筑工地。
2. 只有屋面坡度大于15%时，才垂直于屋脊铺设防水卷材。
3. 屋面坡度小于3%时，平行于屋脊铺设防水卷材。
4. 钢筋混凝土板的横向钢筋垂直于纵向钢筋。

课文理解 Работа с текстом

选词填空。**Заполните пропуски подходящим по смыслу вариантом.**

| A. 小于 | B. 大于 | C. 搭接 | D. 方向 | E. 相邻 |

1. 先确定防水卷材的铺设（　　）。
2. 屋面坡度（　　）3%时，平行于屋脊铺设防水卷材。
3. 只有屋面坡度（　　）15%时，才垂直于屋脊铺设防水卷材。
4. 上下层和（　　）防水卷材应该（　　）。

第24课 Урок 24

Pūshè wǎwūmiàn
铺设瓦屋面
Укладка черепичной кровли

 **复习** Повторение

朗读下列词语。**Прочитайте следующие слова.**

小于	垂直于	上下层	玛蹄脂
铺设方向	屋面坡度	从低到高	相邻卷材

 **热身** Разминка

选择正确的图片。**Выберите правильную картинку.**

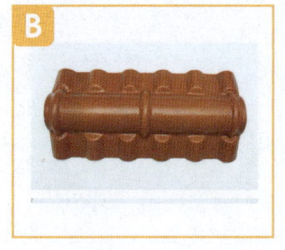

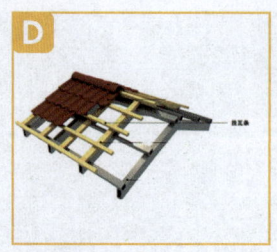 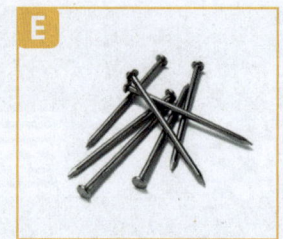 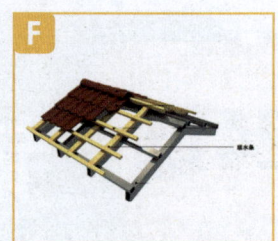

	wūmiànwǎ		
❶	屋面瓦	Кровельная черепица	( )
❷	pōwūmiàn 坡屋面	Скатная крыша	( )
❸	jǐwǎ 脊瓦	Коньковая черепица	( )
❹	shùnshuǐtiáo 顺水条	Контробрешетка	( )
❺	guàwǎtiáo 挂瓦条	Обрешетка под кровлю	( )
❻	dīngzi 钉子	Гвозди	( )

学习生词 Изучите новые слова 24-01

1	瓦屋面	wǎwūmiàn	сущ.	Черепичная кровля
	瓦	wǎ	сущ.	Черепица
2	坡屋面	pōwūmiàn	сущ.	Скатная крыша
3	往往	wǎngwǎng	нареч.	Зачастую
4	采用	cǎiyòng	гл.	Применяется
5	工艺	gōngyì	сущ.	Технология
6	流程	liúchéng	сущ.	Процесс, ход

第 24 课 | 铺设瓦屋面

7	基层	jīcéng	*сущ.*	Основа
8	顺水条	shùnshuǐtiáo	*сущ.*	Контробрешетка
9	钉子	dīngzi	*сущ.*	Гвоздь
10	钉	dìng	*гл.*	Вколачивать, забивать
11	挂瓦条	guàwǎtiáo	*сущ.*	Обрешетка под кровлю
12	逐层	zhú céng	*словосоч.*	По слоям
13	屋面瓦	wūmiànwǎ	*сущ.*	Кровельная черепица
14	脊瓦	jǐwǎ	*сущ.*	Коньковая черепица

词汇练习 Упражнения (лексика)

1. 看图认读词语。 Посмотрите на рисунки и прочитайте слова.

wūmiànwǎ
屋面瓦

pōwūmiàn
坡屋面

gōngyì
工艺

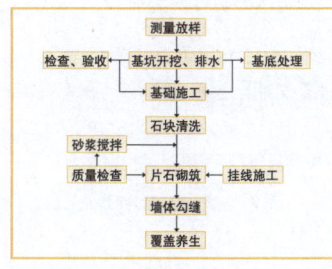
liúchéng
流程

jīcéng
基层

guàwǎtiáo
挂瓦条

2. 朗读词语搭配。 Прочитайте коллокации (словосочетания).

❶ pūshè 铺设	pūshè wūmiànwǎ 铺设 屋面瓦	❷ wūmiàn 屋面	pōwūmiàn 坡屋面	
	pūshè jǐwǎ 铺设 脊瓦		wǎwūmiàn 瓦屋面	
	pūshè fángshuǐ juǎncái 铺设 防水 卷材	❸ cǎiyòng 采用	cǎiyòng wǎwūmiàn fángshuǐ 采用 瓦屋面 防水	
			cǎiyòng juǎncái fángshuǐ 采用 卷材 防水	

 学习课文 Изучите текст  24-02

Pūshè wǎwūmiàn
铺设 瓦屋面

Pōdù dàyú 10% de wūmiàn shì pōwūmiàn. Pōwūmiàn
坡度 大于 10% 的 屋面 是 坡屋面。坡屋面
wǎngwǎng cǎiyòng wǎwūmiàn fángshuǐ. Shīgōng gōngyì liúchéng wéi: Zài
往往 采用 瓦屋面 防水。施工 工艺 流程 为：在
jīcéng shang xiān pūshè yì céng fángshuǐ juǎncái, yòng shùnshuǐtiáo hé
基层 上 先 铺设 一 层 防水 卷材，用 顺水条 和
dīngzi bǎ fángshuǐ juǎncái dìng zài jīcéng shang, zài shùnshuǐtiáo shang
钉子 把 防水 卷材 钉 在 基层 上，在 顺水条 上
zài dìng guàwǎtiáo. Ránhòu cóng yánkǒu xiàng shàng zhú céng pūshè
再 钉 挂瓦条。然后 从 檐口 向 上 逐层 铺设
wūmiànwǎ. Zuìhòu zài wūjǐ shang pūshè jǐwǎ.
屋面瓦。最后 在 屋脊 上 铺设 脊瓦。

Укладка черепичной кровли

Кровля с уклоном более 10% считается скатной кровлей. Для гидроизоляции таких кровель часто применяется черепица. Технологический процесс строительства: сначала на основание укладывают слой гидроизоляционного рулонного материала. Затем с помощью реек и гвоздей закрепляют гидроизоляционный рулонный материал на основании. На рейки крепится обрешётка для черепицы. После этого, начиная от карниза, черепица укладывается послойно. В завершение на коньке размещают коньковую черепицу.

课文练习 Работа с текстом

1. 选择填空。Заполните пропуски подходящим по смыслу вариантом.

   ① 坡度大于（　　）的屋面是坡屋面。

   A. 5%　　　　B. 10%　　　　C. 15%　　　　D. 20%

   ② 坡屋面（　　）采用瓦屋面防水。

   A. 往往　　　B. 连续　　　　C. 立即　　　　D. 可以

   ③ 从檐口向上（　　）铺设屋面瓦。

   A. 分　　　　B. 逐层　　　　C. 立即　　　　D. 把

   ④ 在顺水条上（　　）钉挂瓦条。

   A. 罐　　　　B. 在　　　　　C. 先　　　　　D. 再

2. 排列"铺设瓦屋面"的施工顺序。Восстановите порядок технологических операций при "укладки черепичной кровли".

①在顺水条上钉挂瓦条　　②在基层上铺设防水卷材

③在屋脊上铺设脊瓦　　　④从檐口向上逐层铺设屋面瓦

⑤用顺水条和钉子把防水卷材钉在基层上

学习语法 Грамматика

 语法点 1 Грамматический комментарий 1

百分数的读法 Как читать проценты

百分号"%"读作"百分之",先读"百分之",再读数字。比如,"10%"读作"百分之十"。

Символ "%" читается как "процентов". Сначала произносится число, а затем добавляется "процентов". Например, "10%"

① Pōdù dàyú 10% de wūmiàn shì pōwūmiàn.
坡度大于10%的屋面是坡屋面。
Кровля с уклоном более 10% является скатной кровлей.

② Wūmiàn pōdù xiǎoyú 3% shí, píngxíng yú wūjǐ pūshè fángshuǐ juǎncái.
屋面坡度小于3%时,平行于屋脊铺设防水卷材。
При уклоне кровли менее 3% гидроизоляционный рулонный материал укладывается параллельно коньку.

③ Chénggōnglǜ zhǐ yǒu 50%.
成功率只有50%。
Показатель успеха составляет всего 50%.

语法点 1 练习 Упражнение 1 (грамматика)

填写百分数。Заполните пробелы правильным процентным значением.

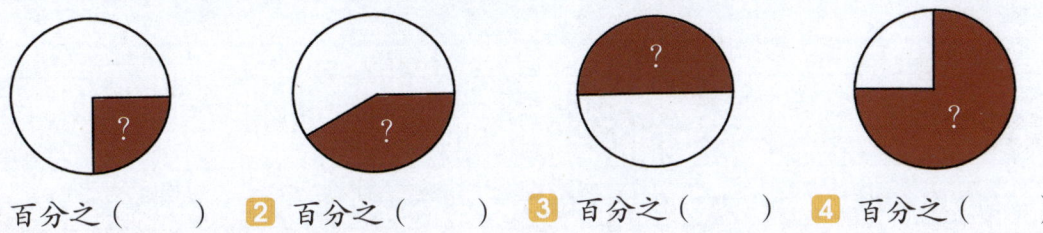

1 百分之（　　）　2 百分之（　　）　3 百分之（　　）　4 百分之（　　）

语法点 2 Грамматический комментарий 2

副词：往往　Наречие: 往往

用在动词前。表示根据以往的经验，某种情况在一定条件下时常存在或经常发生。
Обычно используется перед глаголом и указывает на повторяющееся действие или ситуацию, которая, основываясь на прошлом опыте, часто возникает при конкретных условиях.

1　Pōwūmiàn wǎngwǎng cǎiyòng wǎwūmiàn fángshuǐ.
　坡屋面 往往 采用 瓦屋面 防水。
　Для скатных крыш часто используют гидроизоляцию из черепицы.

2　Wǎngwǎng yòng hànjiē de fāngfǎ zhìzuò gāngliáng.
　往往 用 焊接的方法制作 钢梁。
　Стальные балки обычно изготавливают методом сварки.

3　Kāiwā jīkēng wǎngwǎng yòng wātǔjī hé yùntǔchē.
　开挖基坑 往往 用 挖土机和运土车。
　Для рытья котлованов как правило используют экскаваторы и самосвалы.

语法点 2 练习 Упражнение 2 (грамматика)

为"往往"选择适当的位置。Поставьте "往往" в подходящее место в предложении.

1 建筑工地 A 有 B 很多建筑材料和施工机械 C。　　　　（　　）

2 绑扎钢筋 A 采用 B 人工 C 绑扎。　　　　　　　　　（　　）

3 A 用起重机 B 吊装 C 钢屋架。　　　　　　　　　　（　　）

4 A 工业建筑 B 是 C 钢结构的。　　　　　　　　　　（　　）

 **汉字书写** Практика написания китайских иероглифов

shè 设设设设设设
设 设 设 设 设

méi 没没没没没没
没 没 没 没 没

tóu 投投投投投投
投 投 投 投 投

gǔ 股股股股股股股
股 股 股 股 股

 **职业拓展** Строительство: взгляд изнутри

Закупка и хранение гидроизоляционных материалов

Ключевыми моментами при закупке и хранении гидроизоляционных материалов являются: определение требований, общение с поставщиками, выбор надежных поставщиков, обеспечение сухого и вентилируемого помещения для хранения, недопущение попадания прямых солнечных лучей, влаги или перегрева, хранение материалов отдельно от других химических веществ, регулярная проверка качества материалов и состояния хранения. Уделяйте внимание сохранению материалов в целости и сохранности, избегая истечения срока годности и повреждений, чтобы обеспечить качество и пригодность гидроизоляционных материалов.

第 24 课 | 铺设瓦屋面

 **小结** Закрепление материала

词语 Лексика

朗读下列词语。Прочитайте следующие слова.

| 屋面瓦 | 10% | 坡屋面 | 往往 | 流程 |
| 基层 | 顺水条 | 钉子 | 挂瓦条 | 脊瓦 |

语法 Грамматика

朗读下列句子。Прочитайте следующие предложения.

1. 坡度大于 10% 的屋面是坡屋面。
2. 屋面坡度小于 3% 时，平行于屋脊铺设防水卷材。
3. 坡屋面往往采用瓦屋面防水。
4. 往往用焊接的方法制作钢梁。

课文理解 Работа с текстом

利用提示词复述课文句子。Используя предоставленные ниже слова, восстановите предложения из текста.

1. 10%　坡屋面
2. 往往　瓦屋面
3. 基层　一层　卷材
4. 檐口　逐层　最后

第25课 Урок 25

Zuò dìxiàshì fángshuǐ
做地下室防水
Гидроизоляция подвала

 **复习** Повторение

朗读下列词语。Прочитайте следующие слова.

| 屋面瓦 | 10% | 坡屋面 | 顺水条 |
| 往往采用 | 工艺流程 | 钉钉子 | 铺设脊瓦 |

 **热身** Разминка

选择正确的图片。Выберите правильную картинку.

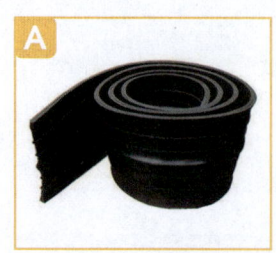

第 25 课 | 做地下室防水

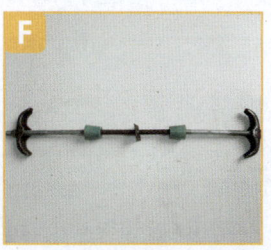

	shíjiān		
①	时间	Время	( )
②	2 xiǎoshí 2 小时	2 часа	( )
③	zhǐshuǐ luóshuān 止水 螺栓	Гидроизоляционный анкер	( )
④	fēn céng 分 层	Делить на слои	( )
⑤	zhǐshuǐdài 止水带	Гидроизоляционная лента	( )
⑥	shīgōngfèng 施工缝	Рабочий шов	( )

学习生词 Изучите новые слова 🎧 25-01

1	自防水	zìfángshuǐ	гл.	Автоматическая гидроизоляция
2	比……更……	bǐ…gèng…		Чем... более...
	更	gèng	нареч.	Более
3	普通	pǔtōng	прил.	Обычный
4	密实	mìshi	прил.	Плотный
5	严密	yánmì	прил.	Тесный
6	止水螺栓	zhǐshuǐ luóshuān	словосоч.	Гидроизоляционный анкер

7	拉紧	lājǐn	словосоч.	Натягивать
8	分层	fēn céng	словосоч.	Делить на слои, послойно
9	时间	shíjiān	сущ.	время Время
10	间隔	jiàngé	сущ.	Интервал
11	小时	xiǎoshí	сущ.	Час
12	施工缝	shīgōngfèng	сущ.	Рабочий шов
13	止水带	zhǐshuǐdài	сущ.	Гидроизоляционная лента

词汇练习 Упражнения (лексика)

1. 看图选词。Посмотрите на картинки и выберите слова.

| A. 时间 | B. 施工缝 | C. 止水螺栓 | D. 止水带 |

❶ (　) ❷ (　) ❸ (　) ❹ (　)

2. 选择填空。Заполните пропуски подходящим по смыслу вариантом.

❶ (　) 自防水　　　　　　A. 普通　　B. 结构

❷ 时间 (　)　　　　　　　A. 间隔　　B. 分层

❸ 粘贴 (　)　　　　　　　A. 施工缝　B. 止水带

❹ 拉紧 (　)　　　　　　　A. 模板　　B. 施工缝

第 25 课 | 做地下室防水

 **学习课文** Изучите текст 🎧 25-02

做地下室防水
Zuò dìxiàshì fángshuǐ

对地下室可以采用结构自防水，就是用防水混凝土的墙和板防水。防水混凝土比普通混凝土更密实，模板拼装更严密，要用止水螺栓拉紧模板。要分层浇筑混凝土，每层厚度小于 40 cm，浇筑时间间隔要小于 2 小时。混凝土的施工缝要粘贴止水带。

Гидроизоляция подвала

Для гидроизоляции подвала применяется конструктивная гидроизоляция, заключающаяся в использовании стен и плит из водонепроницаемого бетона. Водонепроницаемый бетон обладает большей плотностью по сравнению с обычным бетоном. Опалубка

239

должна быть собрана с особой тщательностью. Для стяжки опалубки необходимо применять водоупорные болты. Бетон заливают слоями, при этом толщина каждого слоя не должна превышать 40 см. Интервал между заливками должен составлять менее 2 часов. В строительные швы бетона необходимо приклеить гидроизоляционную ленту.

课文练习 Работа с текстом

1. 选择填空。Заполните пропуски подходящим по смыслу вариантом.

① 结构（　　）就是用防水混凝土的墙和板防水。

　　A. 普通　　　　B. 自防水　　　C. 密实　　　　D. 严密

② 模板拼装要更（　　）。

　　A. 严密　　　　B. 密实　　　　C. 平整　　　　D. 平行

③ 每层混凝土的厚度要小于（　　）。

　　A. 20 cm　　　B. 30 cm　　　C. 40 cm　　　D. 50 cm

④ 施工缝需要粘贴（　　）。

　　A. 卷材　　　　B. 安全网　　　C. 止水带　　　D. 地砖

2. 利用提示词，复述课文句子。Используя предоставленные ниже слова, восстановите предложения из текста.

① 地下室　　结构自防水

② 比……更　　密实　　模板　　严密

③ 止水螺栓　　拉紧

④ 间隔　　2小时

学习语法 Грамматика

语法点 1 Грамматический комментарий 1

介词：对　Предлог: 对

引出动作的对象，表示对待。
Предлог "对" указывает на объект действия, выражает отношение к чему-либо или кому-либо.

1. Duì dìxiàshì kěyǐ cǎiyòng jiégòu zìfángshuǐ.
   对 地下室 可以 采用 结构自防水。
   Для подвалов можно использовать конструктивную гидроизоляцию.

2. Duì qìkuàiqiáng gōufèng.
   对 砌块墙 勾缝。 Заполнение швов для блочной стены.

3. Yòng chúxiùjī duì gāngjīn chúxiù.
   用 除锈机 对 钢筋 除锈。
   Удалить ржавчину с арматуры с помощью средства для удаления ржавчины.

语法点 1 练习 Упражнение 1 (грамматика)

连词成句。Составьте предложения, используя предоставленные слова.

1. ①地下室　②可以　③结构自防水　④对　⑤采用
   _____。

2. ①勾缝　②砌块墙　③对
   _____。

3. ①对　②用　③除锈　④钢筋　⑤除锈机
   _____。

4. ①除锈　②刷漆　③钢梁　④对　⑤并
   _____。

语法点 2 Грамматический комментарий 2

比较句 Сравнительное предложение

基本结构是：A 比 B + 更 / 还 + 形容词。表示对两个人或两种事物的性质、状态进行比较，前者比后者的程度更深。

Основная структура: A 比 B + 更 / 还 + прилагательное. Эта конструкция используется для сравнения свойств или состояний двух людей или объектов, при этом степень выраженности качества у первого (A) больше, чем у второго (B).

1. Hùnníngtǔ bǐ zhuān de qiángdù gèng gāo.
   混凝土比砖的强度更高。
   Бетон имеет более высокую прочность, чем кирпич.

2. Fángshuǐ hùnníngtǔ bǐ pǔtōng hùnníngtǔ gèng mìshi.
   防水混凝土比普通混凝土更密实。
   Гидроизоляционный бетон более плотный, чем обычный.

3. Nǐ zhī de múbǎn bǐ tā zhī de múbǎn hái yánmì.
   你支的模板比他支的模板还严密。
   Установленная тобой опалубка плотнее, чем его.

语法点 2 练习 Упражнение 2 (грамматика)

用"比……更/还……"改写句子。Перепишите предложение, используя "比……更/还……".

1. 他绑扎钢筋好，你绑扎钢筋更好。

   _____。

2. 施工现场的钢筋强度高，加工棚里的钢筋强度更高。

   _____。

3. 混凝土的强度高，钢筋的强度更高。

   _____。

4. 他长得高，你长得更高。

   _____。

 **汉字书写** Практика написания китайских иероглифов

 **文化拓展** Культурный экскурс

Пекинская опера

Пекинская опера, как представитель традиционного китайского оперного искусства, зародилась в Пекине. Она славится своими уникальными формами исполнения, включающими пение, декламацию, актёрское мастерство и игру. Стиль исполнения Пекинской оперы строг и торжественен. В её основе лежит сочетание пения, танца, акробатики и боевых искусств. Актёры Пекинской оперы мастерски используют язык тела и голос для выражения эмоций и личностных качеств своих персонажей. Пекинская опера — это не только сокровище китайской культуры, но и объект мирового признания, вызывающий всё больший интерес к изучению.

小结 Закрепление материала

词语 Лексика

朗读下列词语。Прочитайте следующие слова.

自防水	密实	分层	普通	严密
拉紧	时间	止水带	施工缝	间隔

语法 Грамматика

朗读下列句子。Прочитайте следующие предложения.

1. 对地下室可以采用结构自防水。
2. 用除锈机对钢筋除锈。
3. 防水混凝土比普通混凝土更密实。
4. 混凝土比砖的强度更高。

课文理解 Работа с текстом

选词填空。Заполните пропуски подходящим по смыслу вариантом.

A. 拉紧   B. 结构自防水   C. 间隔   D. 密实   E. 比

1. 对地下室可以采用（　　）。
2. 防水混凝土（　　）普通混凝土更（　　）。
3. 要用止水螺栓（　　）模板。
4. 混凝土的浇筑时间（　　）要小于2小时。

第26课 / Урок 26

Zuò wèishēngjiān fángshuǐ
做卫生间防水
Гидроизоляция санузла

 **复习** Повторение

朗读下列词语。Прочитайте следующие слова.

- 密实　　严密　　拉紧　　施工缝
- 结构自防水　　止水螺栓　　时间间隔　　粘贴止水带

 **热身** Разминка

选择正确的图片。Выберите правильную картинку.

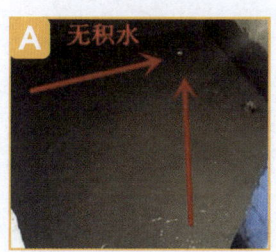 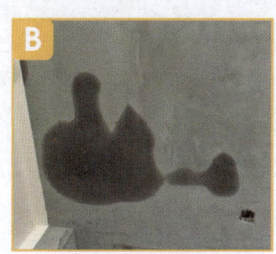 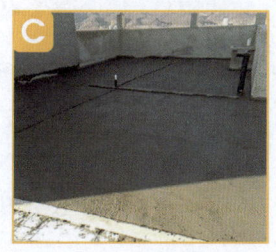

职通中文　建筑工程施工（初级篇）（俄语版）

 D

 E

 F

① 地漏 (dìlòu)　　Сливной трап　　（　）

② 管道 (guǎndào)　　Трубопровод　　（　）

③ 渗漏 (shènlòu)　　Протекать　　（　）

④ 蓄水 (xùshuǐ)　　Водосбор　　（　）

⑤ 保护层 (bǎohùcéng)　　Защитный слой　　（　）

⑥ 找坡 (zhǎopō)　　Формировать уклон　　（　）

 学习生词　Изучите новые слова  26-01

1	地漏	dìlòu	сущ.	Сливной трап
2	排水	páishuǐ	гл.	Отводить (спускать) воду
3	抹	mǒ	гл.	Намазывать, натирать, заравнивать
4	管道	guǎndào	сущ.	Трубопровод
5	周围	zhōuwéi	сущ.	Вокруг
6	缝隙	fèngxì	сущ.	Щель, зазор
7	进行	jìnxíng	гл.	Выполнять
8	蓄水	xùshuǐ	гл.	Водосбор

第 26 课 | 做卫生间防水

9	如果……，就……	rúguǒ…, jiù…		Если..., то...
10	渗漏	shènlòu	гл.	Протекать
11	及时	jíshí	нареч.	Своевременно
12	修补	xiūbǔ	гл.	Ремонтировать
13	保护层	bǎohùcéng	сущ.	Защитный слой
14	找坡	zhǎopō	гл.	Формировать уклон

词汇练习 Упражнения (лексика)

1. 看图选词。 Посмотрите на картинки и выберите слова.

A. 地漏   B. 管道   C. 渗漏   D. 缝隙

( )   ( )   ( )   ( )

2. 朗读词语搭配。 Прочитайте коллокации (словосочетания).

❶ quèdìng 确定	quèdìng dìlòu biāogāo 确定 地漏 标高		❷ jiǎnchá 检查	xùshuǐ jiǎnchá 蓄水 检查
	quèdìng páishuǐ pōdù 确定 排水 坡度			shènlòu jiǎnchá 渗漏 检查
❸ jíshí 及时	jíshí jiǎnchá 及时 检查		❹ zhōuwéi 周围	guǎndào zhōuwéi 管道 周围
	jíshí xiūbǔ 及时修补			gōngdì zhōuwéi 工地 周围

学习课文　Изучите текст 🎧 26-02

做 卫生间 防水
Zuò wèishēngjiān fángshuǐ

先 确定 地漏 标高，地漏 标高 要 低。再
确定 卫生间 的 排水 坡度，排水 坡度 应该 为
2% 到 5%。先 用 防水 砂浆 抹 管道 周围 的
缝隙，然后 在 地面 上 涂刷 四 遍 防水 涂料。
进行 蓄水 检查，如果 渗漏，就 要 及时 修补。
最后 铺设 防水 砂浆 保护层，并 找坡。

Гидроизоляция санузла

Сначала необходимо определить высоту сливного отверстия в ванной комнате и рассчитать, чтобы она соответствовала необходимому уклону для стока воды. Уровень слива должен быть ниже, чем уровень уклона. Рекомендуемый уклон пола для стока воды составляет от 2%

до 5%. Затем нужно провести тест на водонепроницаемость, нанеся водонепроницаемый раствор на поверхность пола последовательно, слой за слоем, всего четыре раза. В случае обнаружения протечек эти участки необходимо изолировать и вновь протестировать поверхность. В завершение укладывается защитный слой из водонепроницаемого раствора, с особым вниманием к герметизации всех соединений и стыков с использованием высококачественных водонепроницаемых материалов. Особенное внимание уделяется уплотнению зон вокруг труб.

课文练习 Работа с текстом

1. 判断对错。 Определите, правильно ли утверждение.

① 地漏标高要高。　　　　　　　　　　　　　　　（　　）
② 排水坡度应该为3%到5%。　　　　　　　　　　（　　）
③ 在地面上涂刷五遍防水涂料。　　　　　　　　　（　　）
④ 最后铺设防水砂浆保护层。　　　　　　　　　　（　　）

2. 选词填空。 Заполните пропуски подходящим по смыслу вариантом.

| A. 修补 | B. 抹 | C. 蓄水 | D. 渗漏 | E. 缝隙 | F. 排水坡度 |

① 先确定地漏标高，再确定（　　　）。
② 用防水砂浆（　　　）管道周围的（　　　）。
③ 涂刷防水涂料后，要进行（　　　）检查。
④ 如果（　　　），就要及时（　　　）。

学习语法 Грамматика

语法点 1　Грамматический комментарий 1

动量词：遍　Глагольное счетное слово: 遍

在动词后表示动作的数量。常用结构为：动词 + 数词 + 遍（+ 宾语）。

Слово "遍" выступает показателем количества действий. Слово "遍" располагается после глагола, акцентирует внимание на количестве повторений действия. Обычно используется такая конструкция: глагол + число + "遍"（+ дополнение).

1　Zài dìmiàn shang túshuā sì biàn fángshuǐ túliào.
　　在 地面 上 涂刷 四 遍 防水 涂料。
　　Нанесите на пол четыре слоя гидроизоляции.

2　Qiángmiàn túliào yào túshuā liǎng biàn.
　　墙面 涂料 要 涂刷 两 遍。Стену нужно покрасить два раза.

3　Tā dúle liǎng biàn kèwén.
　　他 读 了 两 遍 课文。Он прочитал текст два раза.

语法点 1 练习　Упражнение 1 (грамматика)

选择合适的量词填空。Выберите подходящее счетное слово, чтобы заполнить пробел.

A. 次　　B. 遍　　C. 个　　D. 层

1　地面上的防水涂料要涂刷四（　　）。

2　那个地下室我去过三（　　）。

3　要铺设两（　　）防水卷材。

4　浇筑时间间隔要小于 2（　　）小时。

第 26 课 | 做卫生间防水

语法点 2　Грамматический комментарий 2

假设复句：如果……，就……　Условные предложения: 如果……，就……

前一分句表示假设的前提，后一分句表示在这个前提下能够得到的结果。

Первая часть предложения говорит об условии, а вторая - о результате, который произойдет, если это условие выполнится. Это как связь между причиной и следствием.

① Rúguǒ shènlòu, jiù yào jíshí xiūbǔ.
如果渗漏，就要及时修补。
Если обнаружится протечка, нужно немедленно ее устранить.

② Rúguǒ gāngwūjià diàozhuāng jiùwèi, jiù hànjiē gùdìng.
如果钢屋架吊装就位，就焊接固定。
Когда стальную стропилу поднимут и установят, ее нужно приварить и закрепить.

③ Rúguǒ hùnníngtǔ yǒu qiángdù le, jiù chāichú múbǎn.
如果混凝土有强度了，就拆除模板。
Как только бетон наберет достаточную прочность, можно снимать опалубку.

语法点 2 练习　Упражнение 2 (грамматика)

根据学过的内容，完成句子。Дополните предложения, основываясь на полученных знаниях.

A. 制作翼缘板、腹板等　B. 做好安全防护　C. 做瓦屋面防水　D. 洒水养护

① 如果进入工地，就要（　　）。

② 如果焊接钢梁，就要先（　　）。

③ 如果混凝土凝结了，就可以（　　）。

④ 如果屋面是坡屋面，就（　　）。

汉字书写 Практика написания китайских иероглифов

职业拓展 Строительство: взгляд изнутри

Проверка качества декоративных материалов

Сначала проверьте внешний вид декоративного материала, включая цвет, текстуру и гладкость поверхности, чтобы убедиться в их соответствии проектным требованиям. Затем проверьте размеры и соответствие материалов, например, размер плитки или длину деревянных элементов. Кроме того, следует обратить внимание на экологические характеристики материалов, удостоверившись, соответствуют ли они актуальным национальным стандартам и не содержат ли вредных веществ. Наконец, для обеспечения надежного качества материалов можно сослаться на имеющиеся сертификаты качества и соответствующие протоколы испытаний.

第 26 课 | 做卫生间防水

 小结 Закрепление материала

词语 Лексика

朗读下列词语。Прочитайте следующие слова.

| 地漏 | 进行 | 排水 | 管道 | 抹砂浆 |
| 蓄水 | 渗漏 | 及时 | 修补 | 找坡 |

语法 Грамматика

朗读下列句子。Прочитайте следующие предложения.

1. 在地面上涂刷四遍防水涂料。
2. 他读了两遍课文。
3. 如果渗漏，就要及时修补。
4. 如果钢屋架吊装就位，就焊接固定。

课文理解 Работа с текстом

利用提示词复述课文句子。Используя предоставленные ниже слова, восстановите предложения из текста.

1. 确定　地漏　低
2. 排水坡度　2%
3. 抹　缝隙　地面　涂刷　涂料
4. 渗漏　修补

第27课 Урок 27

Pūtiē qiángmiànzhuān
铺贴墙面砖
Облицовка стен плиткой

复习 Повторение

朗读下列词语。Прочитайте следующие слова.

地漏	管道	保护层	进行
排水坡度	周围的缝隙	及时修补	蓄水检查

热身 Разминка

选择正确的图片。Выберите правильную картинку.

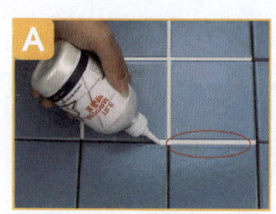

第 27 课 | 铺贴墙面砖

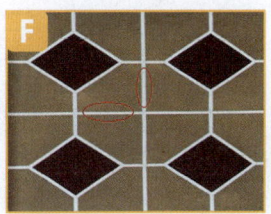

①	cāgān 擦干	Вытереть насухо	( )
②	fēngéxiàn 分格线	Разделительная линия	( )
③	gōufèngjiāo 勾缝胶	Затирка	( )
④	qiāojī 敲击	Стучать	( )
⑤	qīngshuǐ 清水	Чистая вода	( )
⑥	mòdǒu 墨斗	Отбивочный шнур	( )

 学习生词 Изучите новые слова 🎧 27-01

1	铺贴	pūtiē	гл.	Облицовка, укладывать
2	处理	chǔlǐ	гл.	Обрабатывать
3	保持	bǎochí	гл.	Держать
4	干净	gānjìng	прил.	Чистый
5	弹线	tánxiàn	гл.	Делать разметку
6	墨斗	mòdǒu	сущ.	Отбивочный шнур

255

7	弹出	tánchū	словосоч.	Всплыть
8	分格线	fēngéxiàn	сущ.	Разделительная линия
9	浸泡	jìnpào	гл.	Замачивать
10	清水	qīngshuǐ	сущ.	Чистая вода
11	取出	qǔchū	гл.	Вынуть
12	擦干	cāgān	словосоч.	Вытереть насухо
13	敲击	qiāojī	словосоч.	Стучать
14	勾缝胶	gōufèngjiāo	сущ.	Затирка

词汇练习 Упражнения (лексика)

1. 看图认读词语。Посмотрите на рисунки и прочитайте слова.

pūtiē
铺贴

cāgān
擦干

jìnpào
浸泡

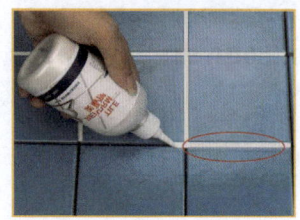
gōufèngjiāo
勾缝胶

mòdǒu
墨斗

qīngshuǐ
清水

2. 朗读词语搭配。 Прочитайте коллокации (словосочетания).

❶ qiángmiànzhuān 墙面砖	pūtiē qiángmiànzhuān 铺贴 墙面砖	❷ tánchū 弹出	tánchū fēngéxiàn 弹出 分格线
	jìnpào qiángmiànzhuān 浸泡 墙面砖		tánchū dòngkǒuxiàn 弹出 洞口线
❸ chǔlǐ 处理	jīcéng chǔlǐ 基层 处理	❹ qiāojī 敲击	qiāojī qiángmiànzhuān 敲击 墙面砖
	qiángmiàn chǔlǐ 墙面 处理		qiāojī dìbǎn 敲击 地板

 学习课文 Изучите текст 🎧 27-02

Pūtiē qiángmiànzhuān
铺贴 墙面砖

Pūtiē qiángmiànzhuān de gōngyì liúchéng rúxià:
铺贴 墙面砖 的 工艺 流程 如下：

Jīcéng chǔlǐ. Bǎochí qiángmiàn gānjìng, píngzhěng.
1. 基层处理。保持 墙面 干净、平整。

Tánxiàn. Yòng mòdǒu tánchū fēngéxiàn.
2. 弹线。用 墨斗 弹出 分格线。

Jìnpào qiángmiànzhuān. Bǎ qiángmiànzhuān yòng qīngshuǐ jìnpào
3. 浸泡 墙面砖。把 墙面砖 用 清水 浸泡

2 xiǎoshí, zài qǔchū cāgān.
2 小时，再 取出 擦干。

Pūtiē qiángmiànzhuān. Cóng xià xiàng shàng jìnxíng pūtiē,
4. 铺贴 墙面砖。从 下 向 上 进行 铺贴，

yìbiān zhāntiē yìbiān qiāojī, bìng jiǎnchá píngzhěngdù.
一边粘贴一边敲击，并检查平整度。

Gōufèng. Yòng gōufèngjiāo gěi qiángmiàn gōufèng, bìng qīnglǐ qiángmiàn.
5. 勾缝。用勾缝胶给墙面勾缝，并清理墙面。

Выкладка облицовочных кирпичей

Процесс укладки настенной плитки выглядит следующим образом:

1. Подготовка основания. Необходимо, чтобы стена была чистой и ровной.

2. Разметка. С помощью шнура отбиваются линии, определяющие расположение плитки и обеспечивающие равномерный рисунок (сетка).

3. Замачивание плитки. Настенную плитку замачивают в чистой воде на 2 часа, затем вынимают и аккуратно протирают насухо.

4. Укладка плитки. Укладку плитки начинают снизу вверх, приклеивая и одновременно легко постукивая для лучшего сцепления, проверяйте ровность поверхности.

5. Затирка швов. Швы между плитками заполняются специальной затиркой для швов, а после затвердевания затирки поверхность плитки тщательно очищается.

第 27 课 ｜ 铺贴墙面砖

课文练习 Работа с текстом

1. 选择填空。 Заполните пропуски подходящим по смыслу вариантом.

❶ 保持墙面（　　）、平整。

　　A. 严密　　　　B. 垂直　　　　C. 干净　　　　D. 搭接

❷ 用（　　）弹出分格线。

　　A. 模板　　　　B. 钢筋　　　　C. 勾缝胶　　　D. 墨斗

❸ 墙面砖要用清水（　　）2小时。

　　A. 处理　　　　B. 浸泡　　　　C. 弹线　　　　D. 取出

❹ 铺贴墙面砖，应该一边粘贴一边（　　）。

　　A. 敲击　　　　B. 弹出　　　　C. 擦干　　　　D. 切割

2. 选词填空。 Заполните пропуски подходящим по смыслу вариантом.

> A. 上　　B. 敲击　　C. 下　　D. 勾缝胶　　E. 擦干　　F. 粘贴　　G. 浸泡

❶ 墙面砖用清水（　　）2小时后，取出（　　）。

❷ 应该从（　　）向（　　）铺贴墙面砖。

❸ 铺贴墙面砖时，一边（　　）一边（　　），并检查平整度。

❹ 用（　　）勾缝，并清理墙面。

# 学习语法 Грамматика

 语法点 1 Грамматический комментарий 1

时量补语 Дополнение времени

用在动词后，补充说明动作持续的时长。有两种常用结构：动词＋时量补语、动词＋时量补语（＋的）＋宾语。

Дополнение времени показывает, как долго длилось какое-то действие. Существует две часто используемые структуры: глагол + дополнение времени; глагол + дополнение времени (+ 的) + объект.

1. Bǎ qiángmiànzhuān yòng qīngshuǐ jìnpào 2 xiǎoshí.
   把 墙面砖 用 清水 浸泡 2 小时。
   Настенную плитку замачивают в чистой воде на 2 часа.

2. Tā dúle 10 fēnzhōng de kèwén.
   他读了 10 分钟 的课文。Он читал текст в течение 10 минут.

3. Jiǎobànjī jiǎobànle 5 fēnzhōng de hùnníngtǔ.
   搅拌机搅拌了 5 分钟 的混凝土。
   Мешалка перемешивала бетон в течение 5 минут.

语法点 1 练习 Упражнение 1 (грамматика)

连词成句。Составьте предложения, используя предоставленные слова.

1. ①挖了　②用　③1 小时　④的土　⑤挖土机　⑥他

   _____。

2. ①6 小时　②浇筑了　③连续　④混凝土　⑤的　⑥我们

   _____。

3 ①了　②会议室　③在　④2小时　⑤王天　⑥等

_____。

4 ①读了　②10分钟　③课文　④我　⑤的

_____。

语法点 2　Грамматический комментарий 2

一边……一边……

用于表示两个动作同时进行。

Конструкция "一边……一边……" используется, чтобы выразить одновременное выполнение двух действий.

1　Gōngrén yìbiān zhāntiē yìbiān qiāojī qiángmiànzhuān.
　　工人 一边 粘贴 一边 敲击 墙面砖。
　　Рабочие одновременно приклеивают и постукивают по настенной плитке.

2　Tā yìbiān bǎngzā gāngjīn yìbiān qīnglǐ múbǎn.
　　他 一边 绑扎 钢筋 一边 清理 模板。
　　Он одновременно вяжет арматуру и очищает опалубку.

3　Wáng Tiān yìbiān bǎifàng gāngjīn yìbiān bǎngzā gāngjīn.
　　王 天 一边 摆放 钢筋 一边 绑扎 钢筋。
　　Ван Тянь одновременно раскладывает и связывает арматуру.

语法点 2 练习　Упражнение 2 (грамматика)

用"一边……一边……"改写句子。Перепишите предложение, используя "一边……一边……".

1 他铺砂浆，他放置砌块。

_____。

2 王天检查墙面的垂直度，王天检查墙面的平整度。

_____。

3. 马明在搭设脚手架，他放置垫板，他放置底座。

_____。

4. 他们把材料装入混凝土搅拌机，他们搅拌混凝土。

_____。

 **汉字书写** Практика написания китайских иероглифов

文化拓展 Культурный экскурс

Юань Лунпин

Юань Лунпин — выдающийся китайский ученый-агроном, прославившийся своими инновационными исследованиями в области гибридного риса, которые позволили существенно увеличить урожайность. В результате его исследований удалось разработать действенную стратегию, направленную на решение проблемы продовольственной безопасности Китая. Благодаря своему вкладу в аграрную науку Юань Лунпин заслужил международное признание и множество наград, оставаясь при этом человеком невероятной скромности. Он посвятил всю свою жизнь развитию сельского хозяйства, став одним из самых значимых специалистов в области агротехнологий, чья работа высоко ценится не только в Китае, но и во всем мире.

小结 Закрепление материала

 词语 **Лексика**

朗读下列词语。**Прочитайте следующие слова.**

| 铺贴 | 弹出 | 保持 | 墨斗 | 分格线 |
| 浸泡 | 取出 | 擦干 | 敲击 | 勾缝胶 |

语法 Грамматика

朗读下列句子。Прочитайте следующие предложения.

1. 把墙面砖用清水浸泡2小时。
2. 他们连续浇筑了6小时的混凝土。
3. 工人一边粘贴一边敲击墙面砖。
4. 他一边绑扎钢筋一边清理模板。

课文理解 Работа с текстом

利用提示词复述课文句子。Используя предоставленные ниже слова, восстановите предложения из текста.

1. 保持　干净
2. 浸泡　小时　擦干
3. 从　铺贴　敲击　检查
4. 勾缝胶　墙面　清理

第28课 Урок 28

Ānzhuāng bōli mùqiáng
安装玻璃幕墙
Монтаж стеклянного фасада

复习 Повторение

朗读下列词语。Прочитайте следующие слова.

处理	弹线	墨斗	分格线
勾缝胶	保持干净	用清水浸泡	取出擦干

热身 Разминка

选择正确的图片。Выберите правильную картинку.

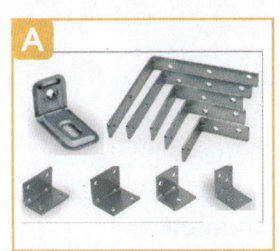

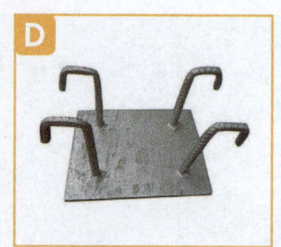  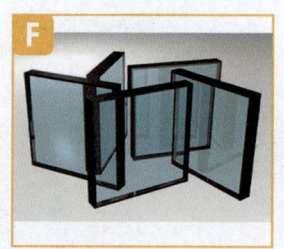

❶	bōli 玻璃	Стекло	( )
❷	dānyuánshì mùqiáng 单元式 幕墙	Блочный фасад	( )
❸	yuánjiànshì mùqiáng 元件式 幕墙	Элементный фасад	( )
❹	yùmáijiàn 预埋件	Закладная деталь	( )
❺	liánjiējiàn 连接件	Соединительный элемент (деталь)	( )
❻	lìzhù 立柱	Стойка	( )

学习生词 Изучите новые слова 🔊 28-01

1	玻璃	bōli	*сущ.*	Стекло
2	单元式幕墙	dānyuánshì mùqiáng	*словосоч.*	Блочный фасад
3	元件式幕墙	yuánjiànshì mùqiáng	*словосоч.*	Элементный фасад
4	因为……， 所以……	yīnwèi…, suǒyǐ…		Поскольку... то..
5	受	shòu	*гл.*	Подвергнуться
6	尺寸	chǐcùn	*сущ.*	Размеры
7	限制	xiànzhì	*гл.*	Ограничивать

8	控制线	kòngzhìxiàn	*сущ.*	Контрольная линия
9	预埋件	yùmáijiàn	*сущ.*	Закладная деталь
10	了	le	*сл.сл.*	прош. событие
11	连接件	liánjiējiàn	*сущ.*	Соединительный элемент (деталь)
12	立柱	lìzhù	*сущ.*	Стойка
13	横梁	héngliáng	*сущ.*	Поперечная балка, ригель
14	注胶	zhùjiāo	*гл.*	Заполнение герметиком
15	密封	mìfēng	*гл.*	Герметизация

词汇练习 Упражнения (лексика)

1. 看图认读词语. Посмотрите на рисунки и прочитайте слова.

bōli
玻璃

dānyuánshì mùqiáng
单元式 幕墙

yuánjiànshì mùqiáng
元件式 幕墙

yùmáijiàn
预埋件

zhùjiāo
注胶

héngliáng
横梁

2. 朗读词语搭配。 Прочитайте коллокации (словосочетания).

	ānzhuāng liánjiējiàn 安装 连接件		ānzhuāng bōli mùqiáng 安装 玻璃 幕墙
❶ ānzhuāng 安装	ānzhuāng lìzhù 安装 立柱	❷ bōli mùqiáng 玻璃 幕墙	dānyuánshì bōli mùqiáng 单元式 玻璃 幕墙
	ānzhuāng héngliáng 安装 横梁		yuánjiànshì bōli mùqiáng 元件式 玻璃 幕墙

 学习课文 Изучите текст 🎧 28-02

Ānzhuāng bōli mùqiáng
安装玻璃幕墙

Bōli mùqiáng fēn dānyuánshì mùqiáng hé yuánjiànshì mùqiáng.
玻璃 幕墙 分 单元式 幕墙 和 元件式 幕墙。
Yīnwèi bú shòu gèzhǒng chǐcùn de xiànzhì, suǒyǐ jiànzhù chángcháng
因为 不 受 各种 尺寸 的 限制，所以 建筑 常常
cǎiyòng yuánjiànshì bōli mùqiáng. Shǒuxiān cèliáng fàngxiàn, quèdìng
采用 元件式 玻璃 幕墙。首先 测量 放线，确定
mùqiáng de kòngzhìxiàn, ránhòu jiǎnchá qiángtǐ de yùmáijiàn.
幕墙 的 控制线，然后 检查 墙体 的 预埋件。
Ānzhuāngle liánjiējiàn hòu, ānzhuāng lìzhù hé héngliáng. Bǎ mùqiáng
安装了 连接件 后，安装 立柱 和 横梁。把 幕墙
bōli diàozhuāng jiùwèi bìng gùdìng. Zuìhòu zhùjiāo mìfēng.
玻璃 吊装 就位 并 固定。最后 注胶 密封。

Стеклянные фасады

Стеклянные фасады бывают модульные и элементные. Элементные фасады популярнее в строительстве, так как их размеры менее ограничены, что делает их более универсальными. Процесс установки начинается с точной разметки и определения контрольных линий на стене. Затем проверяют, насколько надежно закреплены закладные детали в конструкции стены. После этого устанавливают соединительные элементы, а затем вертикальные стойки и горизонтальные ригели, которые вместе формируют каркас. Стекло аккуратно поднимают, устанавливают в каркас и надежно фиксируют. В завершение все швы тщательно герметизируют высококачественным герметиком для надежной защиты.

课文练习 Работа с текстом

1. 选择填空。Заполните пропуски подходящим по смыслу вариантом.

① 玻璃幕墙分为（　　）和（　　）。

　A. 卷材　　　　B. 单元式幕墙　　C. 元件式幕墙　　D. 涂抹

② 安装玻璃幕墙，首先要（　　）。

　A. 安装连接件　B. 处理基层　　　C. 浸泡玻璃　　　D. 测量放线

③ 检查墙体的（　　）。

　A. 预埋件　　　B. 钢筋　　　　　C. 螺栓　　　　　D. U形卡

④ 玻璃安装后，需要进行（　　）密封。

　A. 防水　　　　B. 注胶　　　　　C. 勾缝　　　　　D. 抹灰

2. 根据课文，选择答案。Ответьте на вопросы в соответствии с текстом.

① 建筑通常采用哪种玻璃幕墙？（　　）

　A. 单元式玻璃幕墙　　　B. 元件式玻璃幕墙

❷ 测量放线,要确定什么?(　　)

　　A.墙体的预埋件　　　　B.幕墙的控制线　　　　C.幕墙玻璃

❸ 检查预埋件后,要安装幕墙的哪些部分?(　　)

　　A.连接件　　　B.立柱　　　C.横梁　　　D.幕墙玻璃

❹ 最后要做什么?(　　)

　　A.测量放线　　　　B.安装横梁　　　　C.注胶密封

 学习语法　Грамматика

语法点1　Грамматический комментарий 1

因果复句:因为……,所以……

Причинно-следственная связь: 因为……,所以……

前一分句表示原因,后一分句表示结果。

Первая часть предложения объясняет причину, а вторая - результат.

❶ 因为不受各种尺寸的限制,所以建筑常常采用元件式玻璃幕墙。
Yīnwèi bú shòu gèzhǒng chǐcùn de xiànzhì, suǒyǐ jiànzhù chángcháng cǎiyòng yuánjiànshì bōli mùqiáng.

Элементные стеклянные фасады часто применяются в строительстве, так как их размеры ограничены меньше, чем у других типов.

❷ 因为屋面坡度大于10%,所以屋面是坡屋面。
Yīnwèi wūmiàn pōdù dàyú 10%, suǒyǐ wūmiàn shì pōwūmiàn.

Если [потому] уклон крыши больше 10%, она относится к скатной.

❸ 因为钢屋架需要校正,所以先临时固定。
Yīnwèi gāngwūjià xūyào jiàozhèng, suǒyǐ xiān línshí gùdìng.

Так как стальную стропилу нужно выровнять, поэтому сначала её временно фиксируют.

语法点 1 练习 Упражнение 1 (грамматика)

用 "因为……，所以……" 改写句子。Перепишите предложение, используя "因为……，所以……".

1. 混凝土要凝结了，要及时浇筑。
   _____。

2. 墙面砖有缝隙，要用勾缝胶勾缝。
   _____。

3. 要保证混凝土的强度，要洒水养护。
   _____。

4. 砌筑的砌块墙有 3 米高，需要搭设脚手架。
   _____。

语法点 2 Грамматический комментарий 2

> 动态助词：了　Аспектная частица: 了
>
> **用在动词之后，表示某个动作行为已经完成。**
>
> 　　Частица "了" используется после глагола для указания на завершённость действия или события. Она служит грамматическим маркером, обозначающим, что действие уже произошло и завершено.
>
> 1. Ānzhuāngle liánjiējiàn hòu, ānzhuāng lìzhù hé héngliáng.
>   安装了连接件后，安装立柱和横梁。
>   Установив соединительные детали, установите стойки и поперечные балки.
>
> 2. Zhīle jīchǔ múbǎn hòu, jiāozhù jīchǔ de hùnníngtǔ.
>   支了基础模板后，浇筑基础的混凝土。
>   Подперев опалубку фундамента, залейте бетон в фундамент.
>
> 3. Qīnglǐle jīcáo hòu, zuò jīchǔ diàncéng.
>   清理了基槽后，做基础垫层。
>   Очистив фундаментное углубление, подготовьте подушку фундамента.

语法点 2 练习 Упражнение 2 (грамматика)

连词成句。Составьте предложения, используя предоставленные слова.

1. ①横梁　②安装　③安装立柱　④后　⑤连接件　⑥和　⑦了

　_____。

2. ①浇筑　②支　③了　④基础混凝土　⑤基础模板　⑥后

　_____。

3. ①基础垫层　②后　③做　④基槽　⑤清理　⑥了

　_____。

4. ①屋架上　②放在　③了　④屋面板　⑤焊接固定　⑥后　⑦要

　_____。

汉字书写 Практика написания китайских иероглифов

272

第28课 | 安装玻璃幕墙

职业拓展 Строительство: взгляд изнутри

Управление строительством в чрезвычайных ситуациях

На строительной площадке иногда случаются относительно крупные катастрофы и аварии, такие как пожар, обрушение, отравление и наводнение. В связи с этим при планировании и организации строительства необходимо предусмотреть создание системы управления чрезвычайными ситуациями. Прежде всего, необходимо создать организации по управлению чрезвычайными ситуациями, определить их функции и взаимодействие, установить институты управления и оперативные механизмы, а также разработать планы действий в чрезвычайных ситуациях. Это позволит при возникновении катастрофы оперативно получить информацию о ситуации, быстро взять её под контроль, реализовать эффективные контрмеры по спасению людей и имущества, а также предотвратить повторение катастрофы.

小结 Закрепление материала

 词语 Лексика

朗读下列词语。**Прочитайте следующие слова.**

| 玻璃 | 单元式幕墙 | 元件式幕墙 | 连接件 | 尺寸 |
| 预埋件 | 控制线 | 横梁 | 注胶 | 密封 |

273

语法　Грамматика

朗读下列句子。Прочитайте следующие предложения.

1. 因为不受各种尺寸的限制，所以建筑常常采用元件式玻璃幕墙。

2. 因为钢屋架还需要校正，所以先临时固定。

3. 安装了连接件后，安装立柱和横杆。

4. 清理了基槽后，做基础垫层。

课文理解　Работа с текстом

利用提示词复述课文句子。Используя предоставленные ниже слова, восстановите предложения из текста.

1. 幕墙　分

2. 因为　受　限制　所以　采用

3. 放线　控制线　预埋件

4. 玻璃　吊装　固定

第29课 / Урок 29

Pūshè dìzhuān
铺设地砖
Укладка напольной плитки

复习 Повторение

朗读下列句子。Прочитайте следующие предложения.

1. 玻璃幕墙分单元式幕墙和元件式幕墙。
2. 确定幕墙的控制线。
3. 检查墙体的预埋件。
4. 把幕墙玻璃吊装就位并固定。

热身 Разминка

选择正确的图片。Выберите правильную картинку.

①	dìzhuān 地砖	Напольная плитка	( )
②	biǎomiàn 表面	Поверхность	( )
③	huībǐng 灰饼	Ориентировочная метка толщины штукатурного слоя	( )
④	biāojīn 标筋	Маяк, направляющая	( )
⑤	tú'àn 图案	Рисунок	( )
⑥	xiàngjiāochuí 橡胶锤	Резиновый молот	( )

 ## 学习生词 Изучите новые слова 🎧 29-01

1	地砖	dìzhuān	*сущ.*	Напольная плитка
2	表面	biǎomiàn	*сущ.*	Поверхность
3	光滑	guānghuá	*прил.*	Гладкий
4	凿毛	záomáo	*словосоч.*	Обтеска бучардой
5	基准线	jīzhǔnxiàn	*сущ.*	Нулевая отметка
6	灰饼	huībǐng	*сущ.*	Ориентировочная метка толщины штукатурного слоя
7	标筋	biāojīn	*сущ.*	Маяк, направляющая

8	试拼	shì pīn	словосоч.	Пробная укладка
9	图案	tú'àn	сущ.	Рисунок
10	背面	bèimiàn	сущ.	Задняя сторона
11	橡胶锤	xiàngjiāochuí	сущ.	Резиновый молот
12	轻轻	qīngqīng		Слегка
13	越……，越……	yuè…, yuè…		Чем больше... тем больше...
14	牢固	láogù	прил.	Прочный

词汇练习 Упражнения (лексика)

1. 看图选词。Посмотрите на картинки и выберите слова.

A. 背面　　B. 图案　　C. 标筋　　D. 灰饼　　E. 基准线　　F. 橡胶锤

❶ (　　)　　❷ (　　)　　❸ (　　)

❹ (　　)　　❺ (　　)　　❻ (　　)

2. 朗读词语搭配。Прочитайте коллокации (словосочетания).

	zuò huībǐng 做 灰饼		pūshè dìzhuān 铺设 地砖
① zuò 做		③ dìzhuān 地砖	zhāntiē dìzhuān 粘贴 地砖
	zuò biāojīn 做 标筋		
② shì pīn 试拼	shì pīn tú'àn 试拼 图案		qiāojī dìzhuān 敲击 地砖

学习课文 Изучите текст 🎧 29-02

Pūshè dìzhuān
铺设 地砖

Pūshè dìzhuān qián, xiān chǔlǐ jīcéng. Rúguǒ jīcéng biǎomiàn
铺设 地砖 前，先 处理 基层。如果 基层 表面

guānghuá, jiù xūyào záomáo. Ránhòu zài qiángmiàn shang tánchū
光滑，就 需要 凿毛。然后 在 墙面 上 弹出

jīzhǔnxiàn. Ànzhào jīzhǔnxiàn zuò huībǐng hé biāojīn. Yòng dìzhuān
基准线。按照 基准线 做 灰饼 和 标筋。用 地砖

shì pīn chū dìmiàn de tú'àn. Pūtiē dìzhuān shí, bǎ 1∶2
试 拼 出 地面 的 图案。铺贴 地砖 时，把 1∶2

shuǐní shājiāng mǒ zài dìzhuān bèimiàn, zài bǎ dìzhuān zhāntiē zài
水泥 砂浆 抹 在 地砖 背面，再 把 地砖 粘贴 在

dìmiàn shang. Yòng xiàngjiāochuí qīngqīng qiāojī dìzhuān. Dìzhuān yuè
地面 上。用 橡胶锤 轻轻 敲击 地砖。地砖 越

qiāojī, zhāntiē yuè láogù.
敲击，粘贴 越 牢固。

Укладка напольной плитки

Прежде чем начать укладывать напольную плитку, необходимо тщательно подготовить поверхность пола. Если пол слишком гладкий, его нужно сделать шероховатым, чтобы плитка лучше держалась. Затем на стенах отмечают горизонтальную линию, от которой будут отталкиваться при укладке. По этой линии выставляют маячки и направляющие, чтобы плитка легла ровно. Перед тем, как приклеивать плитку, её раскладывают на полу, чтобы подобрать красивый рисунок и убедиться, что всё помещается. Когда рисунок готов, наносят цементно-песчаный раствор (1:2) на обратную сторону каждой плитки и приклеивают её к полу. Резиновым молотком аккуратно постукивают по плитке, чтобы она плотно прилегала к полу и хорошо зафиксировалась. Чем лучше пристучать плитку, тем крепче она будет держаться.

课文练习 Работа с текстом

1. 选择填空。Заполните пропуски подходящим по смыслу вариантом.

    ① 基层表面如果光滑，就需要（　　　）。

    A. 凿毛　　　　B. 抹灰　　　　C. 密封　　　　D. 敲击

    ② 按照基准线做（　　　）和（　　　）。

    A. 钢筋　　　　B. 灰饼　　　　C. 找坡　　　　D. 标筋

    ③ 用地砖（　　　）地面的（　　　）。

    A. 图案　　　　B. 敲击　　　　C. 试拼　　　　D. 平整度

    ④ 铺贴时，用（　　　）水泥砂浆抹在地砖背面。

    A. 1:1　　　　B. 1:2　　　　C. 1:5　　　　D. 1:10

2. 根据课文，选择答案。 Ответьте на вопросы в соответствии с текстом.

① 铺设地砖前，先做什么？（　　　）

    A. 弹出基准线　　　　B. 做灰饼和标筋　　　　C. 处理基层

② 按照什么做灰饼和标筋？（　　　）

    A. 图案　　　　　　　B. 基准线　　　　　　C. 地面

③ 用什么材料粘贴地砖？（　　　）

    A. 玛蹄脂　　　　　　B. 混凝土　　　　　　C. 水泥砂浆

④ 最后用什么工具敲击地砖？（　　　）

    A. 扳手　　　　　　　B. 标筋　　　　　　　C. 橡胶锤

学习语法　Грамматика

语法点 1　Грамматический комментарий 1

形容词重叠　Дублирование прилагательных

有一部分形容词可以重叠，重叠后表示性质、状态的程度加深。

Некоторые прилагательные обладают свойством дублирования, при котором усиливается степень выраженности их свойств и состояния.

---

① Yòng xiàngjiāochuí qīngqīng qiāojī dìzhuān.
　用　橡胶锤　轻轻　敲击　地砖。
　Слегка постукивать по плитке резиновым молотком.

② Yòng jiǎobànjī mànmàn jiǎobàn shājiāng.
　用　搅拌机　慢慢　搅拌　砂浆。　Медленно перемешать раствор мешалкой.

③ Yòng mǒguāngjī mànmàn mǒguāng hùnníngtǔ.
　用　抹光机　慢慢　抹光　混凝土。
　Медленно отшлифовать бетон затирочной машиной.

第29课 | 铺设地砖

语法点 1 练习　Упражнение 1 (грамматика)

连词成句。Составьте предложения, используя предоставленные слова.

1. ①地砖　②橡胶锤　③敲击　④用　⑤轻轻

   _____。

2. ①抹光机　②慢慢　③用　④混凝土　⑤抹光

   _____。

3. ①钢屋架　②慢慢　③把　④柱顶上　⑤放在

   _____。

4. ①墙面　②擦得　③他　④干干净净　⑤把

   _____。

语法点 2　Грамматический комментарий 2

越……，越……

表示程度随着情况、条件的变化而变化。常用结构为：A ＋ 越 ＋ 形容词 / 动词 (, B ＋) 越 ＋ 形容词。

"越……，越……" выражает зависимость изменения степени или интенсивности от изменений условий или обстоятельств. Данная структура чаще всего представлена в следующем виде: A ＋ 越 ＋ прилагательное/глагол (, B ＋) 越 ＋ прилагательное.

1. Dìzhuān yuè qiāojī, zhāntiē yuè láogù.
   地砖 越 敲击，粘贴 越 牢固。
   Чем сильнее стучать по плитке, тем прочнее она приклеивается.

2. Gāngjīnwǎng yuè bǎngzā yuè láogù.
   钢筋网 越 绑扎 越 牢固。
   Чем сильнее завязывается арматурная сетка, тем она прочнее.

3. Jīkēng yuè wā yuè shēn.
   基坑 越 挖 越 深。Чем больше копать котлован, тем он будет глубже.

语法点 2 练习　Упражнение 2 (грамматика)

选择填空。Заполните пропуски подходящим по смыслу вариантом.

1. 屋面越（　　），平整度越（　　）。

   A. 平　　　　B. 大　　　　C. 高　　　　D. 低

2. 涂料越（　　）越（　　）。

   A. 涂刷　　　B. 均匀　　　C. 组装　　　D. 对称

3. 做地下室防水时，模板拼接越（　　），防水性越（　　）。

   A. 平行　　　B. 严密　　　C. 干净　　　D. 好

4. 铺贴地砖时，地砖越（　　），粘贴越（　　）。

   A. 多　　　　B. 牢固　　　C. 敲击　　　D. 搭接

汉字书写　Практика написания китайских иероглифов

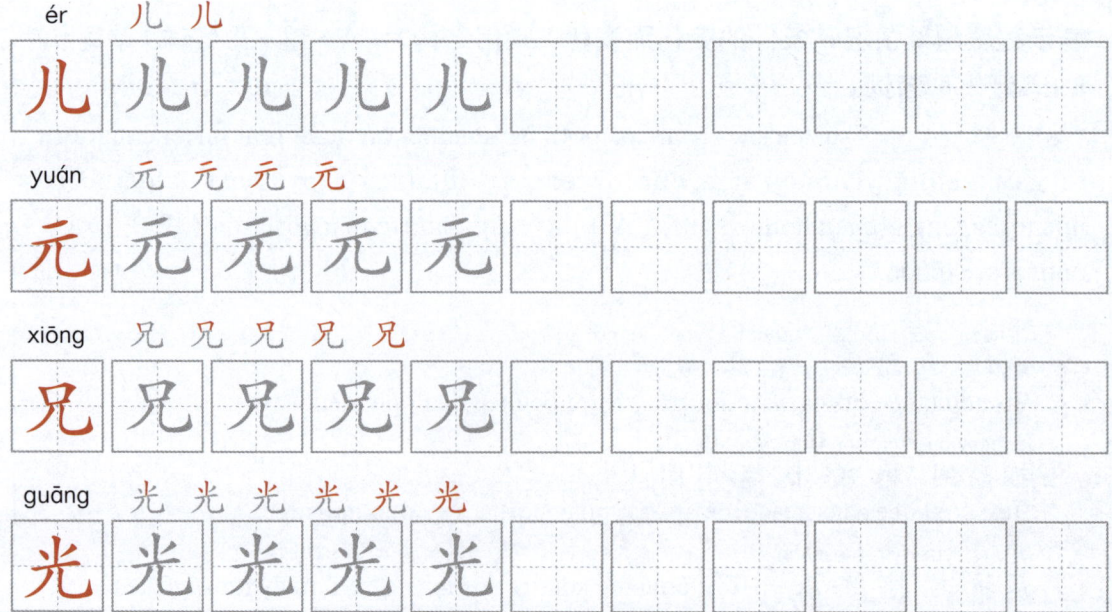

第 29 课 | 铺设地砖

 **文化拓展** Культурный экскурс

Керамика

Керамика — это общий термин, обозначающий различные виды гончарных и фарфоровых изделий. В эпоху неолита китайцы использовали глину в качестве сырья для гончарного обжига, создавая разнообразные узоры расписной и черной керамики. После династии Восточная Хань китайцы начали использовать высокотемпературный обжиг для производства твердого фарфора, включая такие виды, как фарфор селадон, белый фарфор, трехцветный фарфор, сине-белый фарфор и расписной фарфор. После тысячелетнего развития керамическое производство в Китае достигло высокого уровня, став эталоном в мировой керамической индустрии. Керамические изделия и керамическая культура распространились по всему миру.

 **小结** Закрепление материала

朗读下列词语。Прочитайте следующие слова.

| 光滑 | 凿毛 | 地砖 | 基准线 | 灰饼 |
| 标筋 | 图案 | 橡胶锤 | 背面 | 牢固 |

语法 Грамматика

朗读下列句子。Прочитайте следующие предложения.

1. 用橡胶锤轻轻敲击地砖。
2. 用搅拌机慢慢搅拌砂浆。
3. 地砖越敲击，粘贴越牢固。
4. 钢筋网越绑扎越牢固。

课文理解 Работа с текстом

利用提示词复述课文句子。Используя предоставленные ниже слова, восстановите предложения из текста.

1. 铺设　前　处理
2. 按照　做　标筋
3. 时　水泥砂浆　背面
4. 橡胶锤　轻轻　地砖

第30课 / Урок 30

架设吊顶
Jiàshè diàodǐng
Монтаж подвесного потолка

 **复习** Повторение

朗读下列句子。Прочитайте следующие предложения.

1. 铺设地砖前，先处理基层。
2. 如果基层表面光滑，就需要凿毛。
3. 用地砖试拼出地面的图案。
4. 用橡胶锤轻轻敲击地砖。

 **热身** Разминка

选择正确的图片。Выберите правильную картинку.

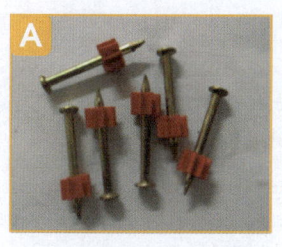

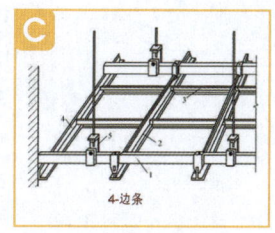

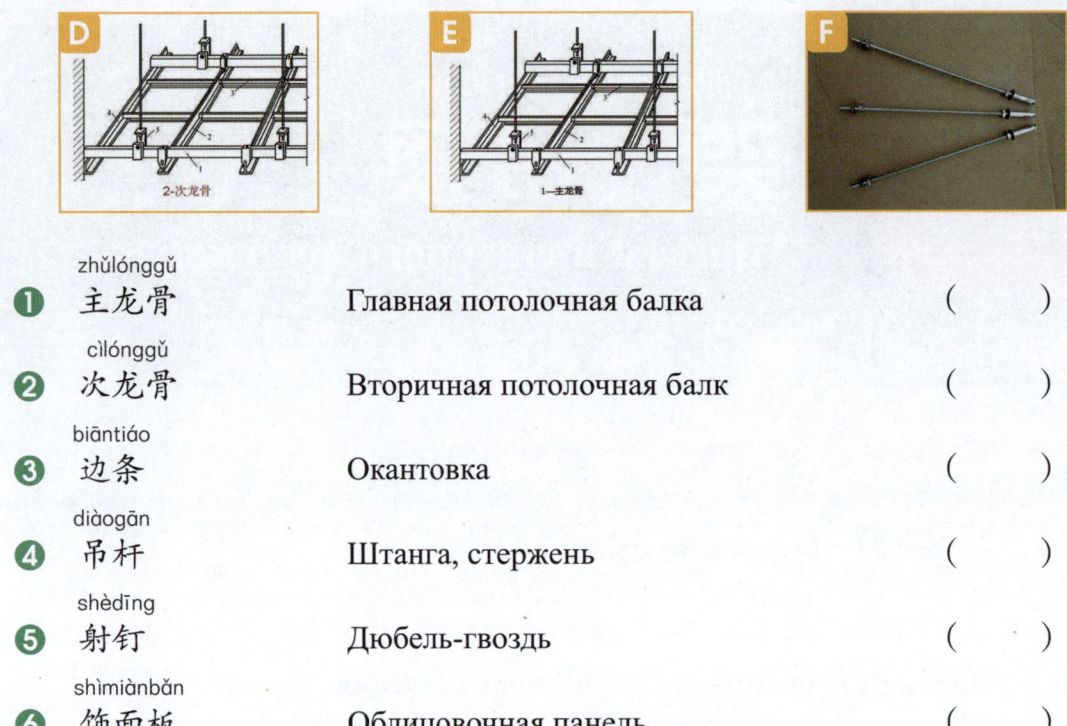

❶	zhǔlónggǔ 主龙骨	Главная потолочная балка	( )
❷	cìlónggǔ 次龙骨	Вторичная потолочная балк	( )
❸	biāntiáo 边条	Окантовка	( )
❹	diàogān 吊杆	Штанга, стержень	( )
❺	shèdīng 射钉	Дюбель-гвоздь	( )
❻	shìmiànbǎn 饰面板	Облицовочная панель	( )

 **学习生词** Изучите новые слова 🎧 30-01

1	架设	jiàshè	*гл.*	Установка
2	吊杆	diàogān	*сущ.*	Штанга, стержень
3	间距	jiānjù	*сущ.*	Шаг
4	边条	biāntiáo	*сущ.*	Окантовка
5	射钉	shèdīng	*сущ.*	Дюбель-гвоздь
6	主龙骨	zhǔlónggǔ	*сущ.*	Главная потолочная балка

7	吊挂件	diàoguàjiàn	*сущ.*	Подвес, крепление
8	次龙骨	cìlónggǔ	*сущ.*	Вторичная потолочная балка
9	饰面板	shìmiànbǎn	*сущ.*	Облицовочная панель
10	一个一个地	yí gè yí gè de	*словосоч.*	Один за другим
11	龙骨	lónggǔ	*сущ.*	Потолочная балка
12	框格	kuànggé	*сущ.*	Рама, каркас

词汇练习 Упражнения (лексика)

1. 看图认读词语。 Посмотрите на рисунки и прочитайте слова.

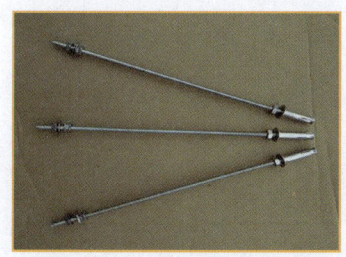
diàogān
吊杆

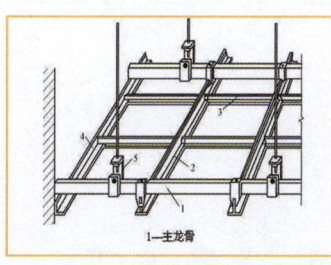
zhǔlónggǔ
主龙骨

shìmiànbǎn
饰面板

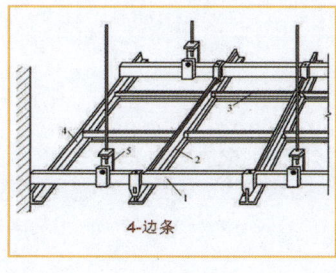
biāntiáo
边条

kuànggé
框格

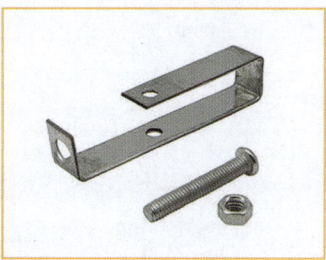
diàoguàjiàn
吊挂件

2. 朗读词语搭配。 Прочитайте коллокации (словосочетания).

ānzhuāng ① 安装	ānzhuāng biāntiáo 安装 边条	lónggǔ ② 龙骨	zhǔlónggǔ 主龙骨
	ānzhuāng zhǔlónggǔ 安装 主龙骨		cìlónggǔ 次龙骨
	ānzhuāng cìlónggǔ 安装 次龙骨	gùdìng ③ 固定	gùdìng diàogān 固定 吊杆
	ānzhuāng shìmiànbǎn 安装 饰面板		gùdìng biāntiáo 固定 边条

 学习课文 Изучите текст  30-02

Jiàshè diàodǐng
架设 吊顶

Jiàshè diàodǐng de bùzhòu rúxià:
架设吊顶的步骤如下:

Gùdìng diàogān. Diàogān yòng gāngjīn zhìzuò, jiānjù 0.8~
1. 固定吊杆。吊杆用钢筋制作,间距0.8~

1.0 m.
1.0 m。

Ānzhuāng biāntiáo. Yòng shèdīng bǎ L xíng biāntiáo gùdìng zài
2. 安装 边条。用射钉把 L 形边条固定在

qiáng shang.
墙 上。

Ānzhuāng zhǔlónggǔ. Yòng diàoguàjiàn bǎ zhǔlónggǔ liánjiē
3. 安装 主龙骨。用 吊挂件把主龙骨连接

zài diàogān shang.
在吊杆上。

Ānzhuāng cìlónggǔ. Yòng liánjiējiàn bǎ cìlónggǔ gùdìng
4. 安装次龙骨。用连接件把次龙骨固定
zài zhǔlónggǔ shang.
在主龙骨上。

Ānzhuāng shìmiànbǎn. Bǎ shìmiànbǎn yí gè yí gè de fàng
5. 安装饰面板。把饰面板一个一个地放
zài lónggǔ zǔchéng de kuànggé li.
在龙骨组成的框格里。

Установка подвесного потолка

Процесс установки подвесного потолка состоит из нескольких шагов:

1. Крепление подвесов: сначала закрепляют подвесы. Обычно их делают из стальных стержней и располагают на расстоянии 0.8 - 1 метра друг от друга.

2. Установка пристенного уголка: затем по периметру комнаты крепят пристенный уголок L-образной формы. Его фиксируют с помощью строительного пистолета прямо к стене.

3. Монтаж основного каркаса: далее устанавливают основные направляющие (главный профиль). Их подвешивают к потолку на подвесах.

4. Монтаж вспомогательного каркаса: после этого монтируют вспомогательные направляющие (второстепенный профиль). Их крепят к основному каркасу с помощью специальных соединительных элементов.

5. Установка декоративных панелей: в завершение устанавливают декоративные панели. Их просто вставляют по одной в ячейки, образованные каркасом.

课文练习 Работа с текстом

1. 选择填空。 Заполните пропуски подходящим по смыслу вариантом.

① 吊杆间距（　　）m。

　A. 0.5～0.8　　　B. 0.8～1.0　　　C. 1.0～1.2　　　D. 1.2～1.5

② 用射钉把 L 形边条固定在（　　）上。

　A. 梁　　　　　B. 屋面　　　　　C. 地面　　　　　D. 墙

③ 用（　　）把主龙骨连接在吊杆上。

　A. 螺栓　　　　B. 吊挂件　　　　C. 连接件　　　　D. 射钉

④ 用连接件把（　　）固定在主龙骨上。

　A. 次龙骨　　　B. 吊杆　　　　　C. 边条　　　　　D. 吊挂件

2. 根据课文，选择答案。 Выберите варианты в соответствии с текстом.

① 吊杆是用什么制作的？（　　）

　A. 钢筋　　　　　　　B. 螺栓　　　　　　　C. 玻璃

② 边条是什么形状（xíngzhuàng）（форма）的？（　　）

　A. U 形　　　　　　　B. L 形　　　　　　　C. H 形

③ 吊挂件连接什么和什么？（　　）

　A. 主龙骨和次龙骨　　B. 次龙骨和边条　　　C. 主龙骨和吊杆

④ 如何安装饰面板？（　　）

　A. 一个一个地放在框格里

　B. 一个一个地绑扎在龙骨上

学习语法 Грамматика

语法点 1　Грамматический комментарий 1

名词谓语句　Предложение с именным сказуемым

名词性成分可以充当句子的谓语，这样的句子叫名词谓语句。

Существительные могут выполнять функцию сказуемого в предложении. Такие предложения называются предложениями с именным сказуемым.

①   Jiānjù   0.8～1.0 m.
    间距　0.8～1.0 m。　Шаг — 0,8-1,0 м.

②   Jīntiān xīngqītiān.
    今天　星期天。　Сегодня — воскресенье.

③   Mǎ Míng èrshí suì.
    马 明　二 十　岁。　Ма Мин — двадцать лет.

语法点 1 练习　Упражнение 1 (грамматика)

连词成句。Составьте предложения, используя предоставленные слова.

1 ①坡度　②屋面　③3%

_____。

2 ①0.8～1.0 m　②间距　③吊杆

_____。

3 ①星期四　②明天

_____。

4 ①二十五　②王天　③岁

_____。

语法点 2　Грамматический комментарий 2

量词重叠　Дублирование счетных слов

量词重叠的形式是"一AA、一A一A",表示"逐一"的意思。

Форма дублирования счетных слов представлена структурой "一AA, 一A一A" и выражает последовательное выполнение действий, то есть "один за другим".

1. Bǎ shìmiànbǎn yí gè yí gè de fàng zài lónggǔ zǔchéng de kuànggé li.
   把饰面板一个一个地放在龙骨组成的框格里。
   Поместите облицовочную плиту одну за другой на рамную решетку, составленную потолочными балками.

2. Wáng Tiān bǎ túliào yì céng céng de túshuā zài wūmiàn shang.
   王天把涂料一层层地涂刷在屋面上。
   Ван Тянь наносит краску на кровлю слоями, один за другим.

3. Lǎoshī ràng dàjiā yí gè yí gè de jìn jiàoshì.
   老师让大家一个一个地进教室。
   Учитель попросил учеников заходить в класс по одному.

语法点 2 练习　Упражнение 2 (грамматика)

选择适合的数量重叠的词语。**Выберите подходящие дублированные счётные слова.**

> dài
> A.一袋（мешок）一袋　　B.一只一只　　C.一层一层　　D.一遍一遍

1. 他把防滑鞋（　　）地穿好。
2. 学习汉字要（　　）地学。
3. 工地上堆（Стоит куча）着（　　）的水泥。
4. 屋面上铺着（　　）的防水卷材。

第 30 课 | 架设吊顶

 **汉字书写** Практика написания китайских иероглифов

 **职业拓展** Строительство: взгляд изнутри

Управление стандартизацией зданий

В строительной отрасли под стандартизированным управлением понимается разработка и внедрение единых стандартов и норм с целью обеспечения стабильного качества, повышения безопасности и содействия устойчивому развитию строительных проектов. Оно охватывает стандартизированные требования к различным этапам — от

293

проектирования и строительства до их окончательной приемки, включая такие аспекты, как конструкция здания, выбор материалов, технологию строительства и инженерную приемку. Применение стандартов в управлении позволяет унифицировать деятельность строительных предприятий, облегчить их взаимодействие и повысить общую конкурентоспособность строительной отрасли.

 小结 **Закрепление материала**

词语 Лексика

朗读下列词语。**Прочитайте следующие слова.**

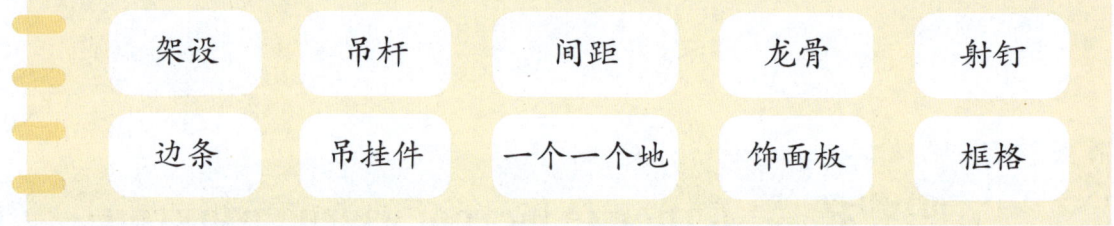

架设　　吊杆　　间距　　龙骨　　射钉

边条　　吊挂件　　一个一个地　　饰面板　　框格

语法 Грамматика

朗读下列句子。**Прочитайте следующие предложения.**

1. 间距 0.8 ~ 1.0 m。
2. 他北京人。
3. 王天把涂料一层层地涂刷在屋面上。
4. 把饰面板一个一个地放在龙骨组成的框格里。

课文理解 Работа с текстом

利用提示词复述课文句子。Используя предоставленные ниже слова, восстановите предложения из текста.

1. 吊杆　制作　间距
2. 射钉　固定　墙
3. 吊挂件　主龙骨　吊杆
4. 饰面板　放　组成　框格